会社も従業員もトクをする！

中小企業のための

「企業型DC・iDeCo+」のはじめ方

FP相談ねっと代表 山中伸枝・著

同文舘出版

はじめに

　長引くコロナ禍で、日々の暮らしに不安を抱く方が増えています。同時に、これからの生活がどうなるかわからないからこそ、少しでも将来に備えようと資産形成に取り組む方も増えています。

　全世界同時パンデミックは不幸なことですが、金融庁が2000年から掲げる「貯蓄から資産形成へ」がやっと現実味を帯びてきたともいえます。

　「貯蓄から資産形成へ」とは、年金不安が叫ばれるなか、日本国民に自身の将来のために具体的な行動をうながすためのスローガンです。

　日本の年金制度は賦課方式であるがゆえに、持続性はありますが、少子高齢化による財源の縮小は避けられません。これまでは国民の保険料負担を重くするということでなんとかやりくりをしていましたが、いよいよ高齢者への年金給付率を抑制する方向に舵を切り始めました。物価上昇期においても、高齢者の生活水準が保たれるように年金額が調整されていましたが、今後は年金額がなかなか上昇しない、つまり老後の暮らしを年金で維持することが非常に困難になってくるのです。

　では、「貯蓄から資産形成へ」とは、いったい何をすべきなのでしょうか？　それはすなわち、経済成長の恩恵を直接受けられるように、国民のお金を「投資」に回すことを指します。

　国はこれまで様々な仕組みを整備してきました。最近の大きな動きとしては、2014年にNISA（少額投資非課税制度）の導入、2017年に個人型確定拠出年金の大幅改正、2018年につみたてNISAの開始などがあります。これらはすべて税制優遇を伴う資産形成の仕組みです。

　とはいえ、国のスローガンが全国民に浸透したわけではありません。例えば個人型確定拠出年金に新規加入した方の動向を見ると、大企業にお勤めの方を中心に広がっているようです。本来であれば、生涯賃金でハンディのある中小企業にお勤めの方ほど公的年金が少ないため、より自助努

力に行動が向かなければならないのですが、格差は広がる一方です。

　これは個人だけの問題ではありません。大企業では、従業員の老後の暮らしを守る企業年金のひとつとして、確定拠出年金を導入しています。これまでの企業年金と異なり、会社の経営リスクを抑えることができ、運用メリットが大きいからです。

　確定拠出年金は従業員に資産運用を任せる仕組みですが、投資経験の少ない従業員が迷わないよう、運用商品数が厳選され、かつ手数料が非常に抑えられた商品が準備されています。金融機関の儲けのために設けられた制度ではなく、国民の資産形成を守るための国の制度という側面を有効活用しているのです。

　したがって、公的年金同様、自己破産時でも差し押さえ対象外とするなど手厚く保護もされています。また、「年金」という名前ではありますが、必要に応じて一括で資金を受け取れるなど、個々の事情に合わせたお金の使い方ができます。

　これだけの制度が、情報がないがために中小企業で活用されないのは非常にもったいないことです。

　コロナ禍であまり話題になりませんでしたが、2020年の年金改正は非常に画期的でした。なぜならば、確定拠出年金は単なるオプションではなく公的年金との両輪で取り組むべき制度として、さらなる拡大が示されたからです。

　それらは今後、適時施行されていきますから、まさに今こそ確定拠出年金に取り組むべきタイミングだといえます。

　人生100年が謳われる昨今ですが、老後が不安だという方は非常に多いです。なかには、従業員の老後までは面倒を見切れないと思う経営者の方もいるかもしれません。

　しかし、公的年金である老齢厚生年金は、現役時代の給与の額に比例し

ますから、将来の不安はすなわち、今の暮らしへの不満にもつながります。そこを手当することは、会社経営においても重要なことでしょう。

　採用の際には、より良い「人材」が欲しいと求人活動を行ない、「人財」育成に力を入れる会社も多いと思いますが、いつのまにかそれが「人件費」となり、コスト削減の対象になってしまっては、もはや同じ目標に向かって一丸となって進む組織の価値はなくなってしまいます。

　規模の大きくない会社においてはなかなか退職金の準備まで手が回らないというところもあるかと思いますが、やはり「企業は人なり」、従業員の将来を支える福利厚生の拡充は経営者としての役目です。

　時代が変わり転職も当たり前となり、会社が従業員に与える価値も様変わりしているのかもしれませんが、「将来をともに見つめる」姿勢は、これからの時代も共有すべき価値観ではないでしょうか。

　将来をともに見つめる、それはすなわち日々の暮らしの中から、少しずつ将来の自分へ仕送りをし、自分の人生を最後まで豊かに支える力をつけることです。確定拠出年金は、お金との付き合い方、経済を知るには絶好の教材でもあります。確定拠出年金とは長期投資ですから、本当に価値のある資産に長期でお金を投じて、その成長を享受するという姿勢が身につきます。それはご自身の人生に活かされる学びであり、仕事に対する姿勢にもなってくるでしょう。

　本書では、確定拠出年金の仕組みから、よくあるQ&Aまで丁寧に解説しています。確定拠出年金は国の制度ですが、その活用方法は会社によって千差万別です。本書をヒントにして、自社に適した活用方法を見つけていただければ幸いです。

FP相談ねっと　代表　山中伸枝

会社も従業員もトクをする！
中小企業のための「企業型 DC・iDeCo+」のはじめ方

目　次

はじめに

COLUMN ② 経営者こそ油断できない！ 働くと受け取れなくなる老齢年金

第3章

こんなにトクする！ 確定拠出年金の税制メリット

COLUMN ③ 公的年金は本当に大丈夫なのか？

第4章

企業型 DC と iDeCo+、どちらを導入すべき？

第5章

経営者の想いを形にする事業主掛金の拠出方法

第6章

こんなとき、どうする？
ケース別・確定拠出年金の実務ノウハウ Q&A
［企業型 DC 編］

1 他制度との比較に関する質問 ……146

Q1：退職金は保険で準備するより、確定拠出年金のほうがよいですか？／**Q2**：中退共と比較した時のメリットは？／**Q3**：求人の際にメリットはありますか？／**Q4**：併用をすることで注意が必要な制度はありますか？／**Q5**：既存の制度から確定拠出年金に移行は可能ですか？／**Q6**：制度を途中でやめることはできますか？／**Q7**：経営者は小規模企業共済との併用ができますか？

2 制度導入に関する質問 ……151

Q8：企業型確定拠出年金が導入できる会社の条件は何ですか？／**Q9**：事業所が複数ある場合、企業型確定拠出年金は導入できますか？／**Q10**：経営者や役員も加入できますか？／**Q11**：導入をする際の金融機関は、どのように選定したらいいですか？／**Q12**：導入にかかる費用はどのくらいですか？　維持費用もありますか？／**Q13**：制度導入まで時間はどのくらいかかりますか？／**Q14**：企業型確定拠出年金の導入は経営上メリットがありますか？

3 制度設計に関する質問 ……156

Q15：掛金を拠出する範囲の決め方を教えてください。／**Q16**：事業主掛金の設定はどうしたらいいですか？／**Q17**：会社の掛金は最低いくらからですか？／**Q18**：掛金を年単位にできますか？／**Q19**：企業型確定拠出年金に、年齢制限はありますか？／**Q20**：事業主掛金の変更はできますか？／**Q21**：従業員が事業主拠出の他にも自分で掛金を出すためには？／**Q22**：定着せずに退職してしまうかもしれない社員に掛金を出すべきかどうかと考えています。／**Q23**：給与減額方式の選択制の場合、デメリットがあると聞きました。／**Q24**：外国人の社員がいます。どうしたらいいですか？

4 制度運営・手続きに関する質問 ……162

Q25：制度に関わる事務処理の負荷はどのくらいですか？／**Q26**：必要な税金の手続きはありますか？／**Q27**：企業型確定拠出年金の投資教育とはどういうものですか？／**Q28**：中途採用の社員が iDeCo をしています。どうしたらいいですか？／**Q29**：中途採用の社員が企業型確定拠出年金をしていたら？／**Q30**：会社を辞める社員には、何を伝えたらいいですか？／**Q31**：会社からの退職一時金がある場合、税金処理はどうなりますか？／**Q32**：経営者が確定拠出年金を受け取る際の注意点はありますか？

COLUMN ⑥ 企業型確定拠出年金の誕生の背景

第7章

こんなとき、どうする？
ケース別・確定拠出年金の実務ノウハウ Q&A
［iDeCo 編］

第 **8** 章

こんなとき、どうする？
ケース別・確定拠出年金の実務ノウハウ Q&A
[iDeCo+ 編]

5 加入者（従業員）からの質問 ……209

イラスト　ムラケン
装　　幀　三枝未央
本文 DTP　マーリンクレイン

※本書の内容は、2021 年 6 月 1 日現在の情報に基づくものです。
　投資の判断や最新情報については、ご自身でご確認ください。

第 1 章

中小企業こそ活用したい
確定拠出年金の基礎知識

人生100年時代、「豊かな暮らし」のためには、
公的年金とは別の備えが必要です。
「貯蓄」ではない「資産形成」の仕組みとして、
国が「税制優遇」というおまけ付きでサポートする制度
「確定拠出年金」を活用していきましょう。

1 これからの時代に必要な 「共助」と「自助」

令和元年に勃発した「老後2,000万円足りない問題」

「年金だけでは暮らせない！」と声高に叫ばれていたのは2019年のことです。いわゆる「老後2,000万円足りない問題」は、瞬く間に時の話題となり、テレビ番組などでもしばしば取り上げられるようになりました。

ファイナンシャルプランナーとしてお金のアドバイスを仕事としている著者のもとにも、個人相談のご依頼や取材依頼もたくさんきました。

結論から言いましょう。**年金とは、そもそも「防貧」のための制度**。貧しくない老後を過ごせるように国全体で維持する制度です。

したがって、「豊かな暮らし」を望むのであれば、公的年金とは別に、自らが将来に備える必要があります。**「共助」と「自助」、両輪で支える必要があるのが人生100年時代**と言えるでしょう。

「自助」の仕組みにはいろいろあります。銀行預金、個人年金保険、株式投資や不動産投資など。この中で、銀行預金や個人年金保険は、利回りが低迷する中、あまり効率のよい自助努力の選択肢ではなくなりました。

また、株式投資や不動産投資は、どうしても投資に必要な資金が大きいことと、専門的な知識がないとなかなか利益を得るのが難しいところがあるため、すべての人ができる方法とは言えません。

それでも人生100年時代においては、経験や知識を持たない人であっても取り組める資産形成の方法を見つけなければなりません。それが、**「投資信託での積立投資」**です。投資タイミングと投資先を分散させることで

人生100年時代に必要なのは「共助」と「自助」

| 共助（公的年金）
国民年金
厚生年金 | + | 自助（私的年金）
確定拠出年金
NISA　など |

老後の備え

リスクをコントロールしながら、長期で資産運用を行ない、安定した利益を期待できる投資の王道とも言える方法です。

投資信託は投資の王道

　投資信託とは、別名「**ファンド**」と呼ばれます。大きな袋の中に投資家（私たち）が少しずつお金を入れまとまったお金をファンドマネージャーという投資の専門家に運用を委託する仕組みです。

　ファンドマネージャーは潤沢な資金を元に、たくさんの投資先に投資をすることができます。投資先を分散することにより、一度に資金がなくなってしまうようなリスクを低減することができます。

　前述したように、投資には知識・経験が必要です。そして、情報と判断力も不可欠です。そういう技術を持ち合わせていない一般の投資家にとって、投資信託はプロへの依頼ができるというのは非常にメリットが大きいことです。さらに、昨今は投資信託が洗練されてきており、低コストで質のよいファンドが数多く出てきました。

　また、投資のリスクを低減させるためには、一度に投資をせずに時間を分散させて投資をするべきという理論があります。この点においても、投資信託は少額で積立投資をするのに適したシステムが構築されているの

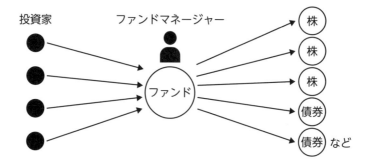

で、「長期・積立・分散投資」という投資の王道を体現するのに最もふさわしい手法と言われています。

とはいえ、投資信託さえ馴染みのない方もとても多く、いまだに投資はギャンブルだと誤解している方もたくさんいらっしゃいます。本来、私たちの暮らしをよりよくするための「価値ある資産」にお金をじっくり投じていくことが投資で、単なるタイミングにお金を賭けるのが投機、すなわちギャンブルなのですが、この違いがなかなか理解できないのです。

そこで、投資信託での積立を多くの方に知ってもらおう、活用してもらおうと税制優遇を設けたのが「NISA」と「確定拠出年金」です。特に確定拠出年金は老後のための資産作りにフォーカスした特別な仕組みです。

経営者が抱える年金問題

公的年金は、高所得の方から低所得の方へと富を分配する「**所得再分配**」機能があり、現役時代と比べて、老後の暮らしは人によって差があまり開かないように設計されています

つまり、現役時代の収入が高い方は相対的に老後の年金が少ないので

す。実際の年金受給額を目の当たりにして、想像以上に少なく言葉を失う方もいらっしゃいます。

　年金額は年収の額に比例し、収入が高ければ、その分年金額も高くなる仕組みです。しかし、将来の年金額に反映される収入には上限があり、多くの場合、経営者の年収は将来の年金額にすべては反映されてこないのです。

　思ったほど年金額が増えないばかりか、「生涯現役」と頑張る経営者に限って老齢年金の支給が止まってしまったり、高齢期の健康保険や介護の自己負担がいつまでも現役並みの負担を強いられてしまったりと、経営者の方の老後は何かと経済的課題が大きいものです。だからこそ、防衛策が必要なのです。

　これから詳しくお伝えしていきますが、確定拠出年金は老後のための特別な口座です。その口座のお金には税金がかからないという大きな税制優遇があります。さらに、運用益にかかる税金も免除され、引き出しの際にも税金が優遇されます。

　確定拠出年金は国が法律で認めた退職金制度のひとつですが、興味深いことに、経営者が会社をやめなくても退職金扱いとなり、大きな税制メリットを享受することができます。つまり、経営を退くことなく、自分の好きなタイミングで資金を引き出すことが可能です。

　確定拠出年金は少しでも早く始めることで、より大きな資産を作ることが可能です。万が一、現役時代に自己破産をしてしまったとしても、**差し押さえ対象外**のお金ですから、資金を守ることもできます。確定拠出年金は、経営者にとっていくつものメリットが享受できる制度なのです。

中小企業の従業員こそ必要な資産作り

　老後の暮らしを支える最も重要な存在は、今も昔も公的年金です。税金

や企業のお金も投入され、どんなに長生きしても終身で一定の金額が受け取れる仕組みはやはりありがたいものです。

　この公的年金は現役時代の収入に比例します。残念ながら、大企業と比較すると、中小企業に勤める方の収入は低いのが現状です。したがって、老後の年金も少ない傾向にあります。つまり、**中小企業の従業員こそ自助努力が必要**だということです。

　「うちの社員はあまり将来のことを考えていないのではないか」と心配される経営者も少なくありません。「資産形成なんて無理だ」とおっしゃる方もいらっしゃいます。しかし、将来に不安を感じない方はいません。むしろ、どんな対策を取っていいのかわからないから、行動も起こせないという方の方が圧倒的に多いでしょう。

　だからこそ、**会社が音頭を取って資産形成に導いてあげてほしい**のです。

　確定拠出年金は、会社としてその制度を導入すれば、従業員の老後の支援として活用することもできます。

　著者はこれまで多くの会社様にて、確定拠出年金制度の導入から従業員研修まで携わってきました。会社が拠出する掛金が月々たとえ数千円であったとしても、それをきっかけに老後資金作りに取り組めたというケースをたくさん見てきました。

　確定拠出年金の掛金は、強制的に老後資金専用口座に積立てられ、かつ自分で資産運用をしなければなりません。最初はその仕組みに戸惑う方もいますが、丁寧に説明を行ない、国の年金制度の理解を深めることができれば、自分自身の将来を考える絶好の機会となります。

　将来の自分は、今の自分の行動が支えます。将来につながる今があれば、仕事への意欲も増し、会社の親心への感謝も湧いてくるでしょう。

2 確定拠出年金の仕組みとメリット

そもそも確定拠出年金とは?

　確定拠出年金とは、**毎月「確定」した積立額を「拠出」し、自分で老後の「年金」を作る仕組み**です。

　確定拠出年金という老後資金専用口座に、毎月一定額を 60 歳までコツコツ積み立て、定期預金や年金保険や投資信託といった金融商品で運用しながら、老後の生活資金を加入者それぞれが準備していきます。

　「お金の引き出しは 60 歳以降」と制限を設けることで、確実に老後資金を作れるようになっています。

　その始まりは 2001 年で、当時はアメリカで大成功を収めた老後のための貯蓄口座「401k」という制度を模して日本にも取り入れられたので、「日本版 401k」などと呼ばれたりしました。

　アメリカでこの制度が大成功したのには理由がありました。それは、この制度を使った老後のための貯蓄をすると、**税金が得するという特典**があったからです。

　日本でこの制度が導入された際にも、同様の特典が踏襲されました。

節税というメリットの仕組み化

　税金のメリットは「誰もが失敗しないメリット」で、最も確実に得られる利益です。

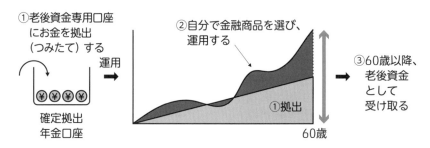

①老後資金専用口座
にお金を拠出
（つみたて）する

運用

確定拠出
年金口座

②自分で金融商品を選び、
運用する

①拠出

60歳

③60歳以降、
老後資金
として
受け取る

　資産運用は確かに「長期・積立・分散」の三原則に沿って行なえば利益をもたらすものです。しかしながら、その道は決して平坦ではありません。マーケットが変動するとともに、資産運用も山あり谷あり、幸せな結果にたどり着くまで、大変な思いをすることがたびたびあります。

　一方、税金のメリットというのは、法律が変わらない限り、**初期設定をしてしまえば、すべての人が節税というメリットを受けることができます**。始めてしまえば、知らないうちに着実に利益を積み上げていくことができるのが特長です。

　こうした「**メリットの仕組み化**」は、企業が確定拠出年金の制度を導入する際にもプラスに働きます。特に、あまり資産形成に興味を持っていない従業員たちにこそ、目減りしないメリットは有効です。

　人生100年時代、苦楽を共にしてきてくれた従業員たちの将来を不安に思う経営者は少なくないでしょう。従業員たちのために、まずは失敗しないお金が貯まる仕組みを準備してあげたいと、確定拠出年金の導入を検討する会社が増えてきているのも、そうした背景があるのだと思います。

確定拠出年金の種類

　確定拠出年金は、一般的には企業型と個人型の２つに分類されます。し

かし本書では、その活用方法の違いに着目し、**企業型確定拠出年金・個人型確定拠出年金・中小事業主掛金納付制度**と3種類に分類してご説明します。

　会社で企業年金として確定拠出年金の制度を導入すると**「企業型」確定拠出年金（企業型 DC）**となります。個人が任意で確定拠出年金に加入すると**「個人型」確定拠出年金**となり、こちらは**「iDeCo（イデコ）」**というニックネームで呼ばれています。2018年からスタートした**「iDeCo+（イデコプラス）」**は、「中小事業主掛金納付制度」のニックネームで、企業型と個人型のハイブリッドのような制度です。

　次項から、それぞれの概要について解説していきます。

3 企業型確定拠出年金 (企業型DC) の概要

企業型確定拠出年金は企業年金

　企業型確定拠出年金が導入できるのは、厚生年金適用事業者です。**事業規模に制限はありません。**

　確定拠出年金は、あくまでも自らの老後のために税制優遇を受けながら資産形成をする個人の特別口座ですが、会社としてこの制度を導入すると「**企業年金**」となります。

　企業年金とは、会社が従業員の定年後の暮らしを支えるために公的年金の上乗せとして支払う福利厚生です。定年時に一時金で支払われるのが退職一時金、年金という形で支払われるのが企業年金と、まずは理解してください（実際、企業型確定拠出年金の受取は一括、分割、併用が選べます）。

　企業年金は2種類あり、「**DC**」と呼ばれる企業型確定拠出年金と、「**DB**」と呼ばれる確定給付企業年金があります。

　DC（Defined contribution）は、毎月会社が社員それぞれの確定拠出年金口座に「拠出」する金額が「確定」しており、将来の金額については、従業員それぞれの運用成績によって異なります。

　一方、後者は、将来の「給付額」が「確定」している「年金」で、Defined benefit といわれています。従業員の老後資金を会社が準備して、のちに年金として支払うのです。

DC（確定拠出年金）とDB（確定給付企業年金）の違い

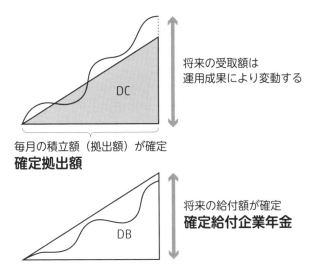

将来の受取額は
運用成果により変動する

DC

毎月の積立額（拠出額）が確定
確定拠出額

将来の給付額が確定
確定給付企業年金

DB

確定拠出年金口座で掛金を運用する

　企業型確定拠出年金は、会社の枠の中で、従業員それぞれの「**確定拠出年金口座**」を設けます。

　この口座の中に、会社が掛金を拠出していきます。拠出を受けた従業員は、これを自分の老後資金として運用していきます。

　企業が拠出できる金額は**月5万5,000円まで**と法律で定められています。確定給付企業年金（DB）または厚生年金基金（もう1つの企業年金。導入社数は非常に少ない）が併用されている会社の場合、掛金上限額は2万7,500円となります。もちろん全従業員に5万5,000円を拠出する必要はなく、それぞれで規程を設けて掛金額を決めていきます。

　事業主の掛金は、全額損金として計上できます。また、掛金は給与と異

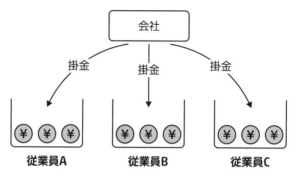

老後資金のための特別口座

なり、社会保険料の算定には含まれません。拠出を受ける従業員から見れば、給与とは別に受け取る会社からのお金ですが、税金も社会保険料の負担も不要なので、効率よく老後のための積立ができるありがたいお金となります。

　掛金の拠出は、規約で定めることで**65歳まで**可能です（2022年より70歳まで可能になります）。

4 個人型確定拠出年金 (iDeCo) の概要

私的年金の代表格

iDeCo（イデコ）とは Individual-type Defined Contribution　の略で、**個人型確定拠出年金**のニックネームです。

企業型確定拠出年金は企業年金でしたが、こちらは個人が任意で加入する私的年金です。日本に住む 20 歳以上 60 歳未満のすべての人が加入できます（2022 年より、年金加入者であれば 65 歳まで加入が可能）。

ただし、勤め先が企業型確定拠出年金を導入している場合、原則個人型はできず、どちらか一方となります。また、海外居住者や国民年金保険料未納や免除を受けている方も加入はできません（2022 年より、海外居住者で国民年金任意加入の方は iDeCo への加入が可能）。

iDeCo にも月の掛金に上限が設定されています。会社員の場合で会社に企業年金がない方は月 2 万 3,000 円、企業年金（DB あるいは厚生年金基金）がある方は 1 万 2,000 円が上限です。個人事業主のような、国民年金加入者の上限は 6 万 8,000 円で、公務員は 1 万 2,000 円です。

このように金額に差があるのは、確定拠出年金は公的年金を補完するものであるため、そもそも国民年金に上乗せで厚生年金にも加入している人や、さらに企業年金がある人は iDeCo の枠は少ないのです。逆に、国の年金が少ない人は iDeCo の枠が大きく設定されています。

iDeCo の掛金は全額所得控除になります。**最低掛金は 5,000 円で、1,000 円刻みで金額を自由に設定できます**。掛金は年に 1 回、金額を変更

することができます。

　また、事前登録が必要ですが、毎月定額で積立をする他、ボーナス時に増額するなどの払込方法を指定することもできます。

　会社員と公務員の場合、**掛金は口座振替（個人払込）か給与天引き（事業主払込）かの二択**となります。勤め先が給与天引きをしてくれるかどうかによって税制優遇の手続きが異なります。

　その他の方の掛金は、確定申告により税の還付を受けます。

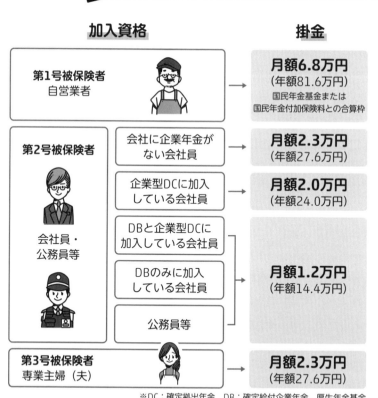

iDeCoの拠出限度額

加入資格　　　　　　　　　掛金

第1号被保険者 自営業者		月額6.8万円（年額81.6万円）国民年金基金または国民年金付加保険料との合算枠
第2号被保険者 会社員・公務員等	会社に企業年金がない会社員	月額2.3万円（年額27.6万円）
	企業型DCに加入している会社員	月額2.0万円（年額24.0万円）
	DBと企業型DCに加入している会社員 / DBのみに加入している会社員 / 公務員等	月額1.2万円（年額14.4万円）
第3号被保険者 専業主婦（夫）		月額2.3万円（年額27.6万円）

※DC：確定拠出年金　DB：確定給付企業年金、厚生年金基金

参照：iDeCo公式サイト https://www.ideco-koushiki.jp/guide/structure.html

5 中小事業主掛金納付制度 (iDeCo+) の概要

企業型確定拠出年金と個人型確定拠出年金のハイブリッド型

　企業型 DC と iDeCo のハイブリッドのような仕組みが、**中小事業主掛金納付制度**です。iDeCo をしている社員に対して、会社が掛金をプラスで拠出する制度なので、**iDeCo+** と言われています。

　中小事業主掛金納付制度（iDeCo+）は、名称から推察できるように、「中小企業」のための制度です。そのため、**企業年金（企業型確定拠出年金や、確定給付企業年金・厚生年金基金）がない会社でかつ従業員数300人以下**と制限されています。制度開始当初は 100 人までの事業所のみが対象でしたが、2020 年 10 月より、事業規模 300 人まで導入が可能となりました。

　この制度は会社が主体となり導入します。会社は、iDeCo に加入している従業員に対して掛金を拠出します（**事業主掛金**）。金額は **1,000 円以上 2 万 2,000 円**まで設定できます。

　この時の事業主掛金は、企業型 DC 同様全額損金となり、法定福利費の負担は不要です。会社が拠出する掛金は企業型 DC と同様、従業員にとっても、税金も払わなくてもよい、社会保険料も払わなくてもよいお金となります。

　また、従業員が自ら拠出するのは iDeCo の掛金ですから、全額所得控除となります。

25

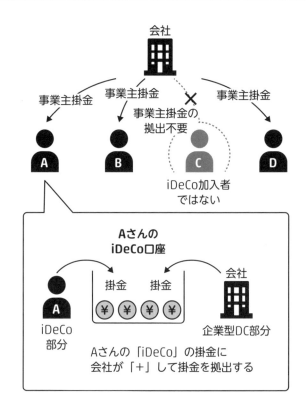

6 確定拠出年金の基礎知識
① 運用

確定拠出年金の窓口は運営管理機関

　確定拠出年金は、企業型であれ個人型であれ、始めるにあたり、金融機関を決め、そこに口座を開く必要があります。

　確定拠出年金には複数の機関が関連しますが、加入者にさまざまな情報提供を行ない、窓口となる金融機関を「**運営管理機関**」と呼んでいます。

　「運営機関をA銀行とした場合、購入できる運用商品はA銀行のものに限るのですか?」とよく聞かれるのですが、A銀行で扱う商品以外にも、B運用会社の投資信託、C運用会社の投資信託など、さまざまな種類の運用商品がラインナップされており、自分の好きな商品を選ぶことができます。とはいえ、運営管理機関ごとに、選べる運用商品ラインナップ、手数料等のサービスが異なるので、この窓口選びは重要です。

　運営管理機関は、どんな運用商品をラインナップするかを決めたり、加入者が購入判断をしやすいように情報提供をするのが主な仕事です。ほとんどのケースにおいて、この運営管理機関が加入者対応にあたりますが、実は見えないところにも重要な機関が存在します。

　例えば、運営管理機関のバックに控えているのが「**資産管理機関**」です。ここでは実際のお金の出入りや、指定された運用商品の買い付け、売却を行ないます。また、記録を管理する部署もあるので、積立額の記録、資産残高の記録などをしています。

企業型・iDeCo+

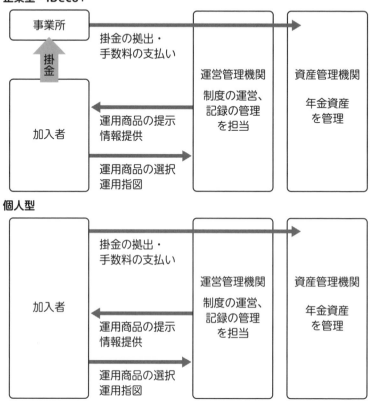

事業所

掛金の拠出・
手数料の支払い

掛金

加入者

運営管理機関

制度の運営、
記録の管理
を担当

資産管理機関

年金資産
を管理

運用商品の提示
情報提供

運用商品の選択
運用指図

個人型

加入者

掛金の拠出・
手数料の支払い

運営管理機関

制度の運営、
記録の管理
を担当

資産管理機関

年金資産
を管理

運用商品の提示
情報提供

運用商品の選択
運用指図

　企業型、個人型で若干流れが異なるものの、国の制度として複数の機関が連携しているのだとご理解いただければよいかと思います。なお、iDeCo、iDeCo+ の実施機関は国民年金基金連合会、確定拠出年金の管轄は厚生労働省となります。

運用商品は「元本確保型」と「元本変動型」の2種類

　確定拠出年金は、加入者それぞれが「**老後資金専用口座**」を持ちます。会社がここに掛金を拠出すれば企業型、個人が自分のお金を拠出すれば個人型です。

　掛金はいったん確定拠出年金口座に入りますが、その後「運用」に回ります。その場合、運営管理機関ごとに選べる運用商品が決められているので、そこから1つの商品、あるいは複数の商品を選んで運用します。

　運営管理機関は必ず「**元本確保型**」の運用商品と「**元本変動型**」の2種類の運用商品を準備することになっています。

　「元本確保型」とは、通常定期預金や保険商品を指します。なぜ「元本保証」と言わないのかというと、商品によっては満期日前に解約をすると元本が割れてしまう商品もあるからです。

　確定拠出年金は60歳までお金を引き出すことはできませんが、その口座の中で商品を売買し、利益を出します。そのため、「解約」という概念も発生するのです。

　「元本変動型」とは、投資信託を指します。元本が変動することはありませんが、資産価値が上がったり下がったりすることがあるという意味で、こう呼ばれています。

　通常、投資信託は購入の際、手数料がかかりますが、確定拠出年金ではそれが全くかかりません。また、運用時のコスト「信託報酬」も、通常より低く抑えられているのも特徴です。

　加入者はまず、毎月購入する運用商品を決めます。いったん決めた商品は、毎月決まったタイミングで買い付けされていきます。

　例えば、A商品30%、B商品20%、C商品50%という形で購入する割

合で指定します。月1万円の拠出であれば、A商品を3,000円分、B商品を2,000円分、C商品を5,000円分、積立で毎月購入します。

　割合で指定するのは、掛金額の変更があった場合でも、きちんと買い付けが行なわれるようにするためです。

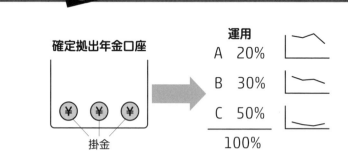

確定拠出年金の運用の仕組み

確定拠出年金口座

掛金

運用
A　20%
B　30%
C　50%
100%

投資信託の種類

　確定拠出年金には、多種多様な投資信託が準備されています。

　それらは、その投資先や運用手法によって分類されています。例えば、株式や債券、不動産やコモディティ（金や原油、小麦やトウモロコシといった商品）などに投資するものに大別されます。さらに、その投資先が日本国内なのか、先進国なのか、あるいは新興国なのかといった投資地域によっても分けられます。

　投資信託の中には、単体の市場（例えば日本国内の株式）に投資をするものの他、世界中の株式や債券などにあらかじめ決められた割合に従って投資をする「**バランスファンド**」といわれるものもあります。

　資産運用のセオリーでは、世界中の株式や債券にバランスよく「**国際分散投資**」をすることが、適切だといわれており、バランスファンドは1つ

の投資信託で、その手法が実行できる代表的な商品といえます。

　また、国際分散投資においても投資期間が長い場合は株式に比重を置き、徐々に債券に比重を移していくとよいともいわれています。その法則に従って、加入者の年齢により自動的に投資配分を変更していく「**ターゲットイヤーファンド**」という投資信託もあります。

　また、投資対象の値動きを示す指数に連動するような運用方針で投資が行われる「**インデックスファンド**」と指数を上回る運用を目指す「**アクティブファンド**」といった運用手法でも分類ができます。

　確定拠出年金の運用商品数はおおむね 35 商品と決められています。この商品数は、少なくとも長期の資産形成をするにはさまざまな市場に分散投資が必要なことと、同時に、あまり種類が多いと加入者が選びきれないというデータに基づき決められています。

　日本には 6,000 本ほどの投資信託が存在するといわれている中、確定拠出年金は資産運用の経験があまりない方でも、取り組みやすいようにとさまざまな配慮がされている仕組みだといえます。

運用商品は変更できる

　購入する運用商品は、運用中何度でも変更可能です。例えば、来月は A 商品 20％、B 商品 30％、C 商品はやめて D 商品を 50％という具合です。

　このように、毎月の購入商品を変更することを「**配分変更**」といいます。

　この際、C 商品は、次月より購入するのをやめただけなので、残高はそのまま残ります。

　しかし、場合によっては、この残高自体も売却して、D 商品と入れ替えたいということもあるでしょう。そのような場合は、「**スイッチング**」といって、口座内で運用商品を売却したり、その金額で違う商品を購入したりできます。

確定拠出年金は、このように口座の中で運用商品を積立、さらに売買を繰り返すことで、利益を得て資産を増やしていきます。

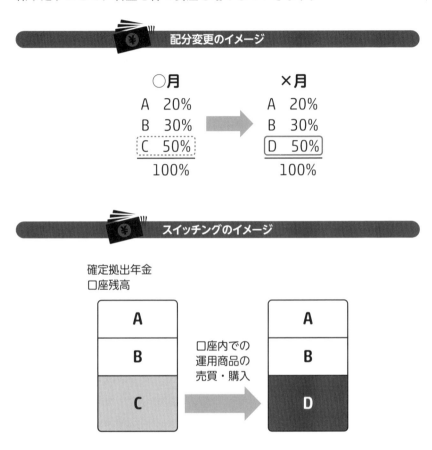

配分変更のイメージ

○月	×月
A 20%	A 20%
B 30%	B 30%
C 50%	D 50%
100%	100%

スイッチングのイメージ

確定拠出年金
口座残高

口座内での
運用商品の
売買・購入

A
B
C

A
B
D

確定拠出年金のセーフティネット

　確定拠出年金は加入者自らが運用責任を負うことから、リスクを気にされる方が多いです。また、聞き慣れない機関が携わることで、お金がなくなるのではないかと不安に思われる方もいます。

　最初に、お金の流れからお話ししましょう。窓口となる運営管理機関
は、お金を預かりません。お金はまず、資産管理機関に入ります。資産管
理機関は通常信託銀行がその責務を担いますが、信託銀行は商業銀行と異
なり、顧客の資金は分別管理されます。

　したがって、お金を預かる信託銀行が仮に破綻したとしても、顧客の資
金は別の場所に保管されているのでなくなることはありません。

　加入者のお金は資産管理機関にいったん預かられたあと、指定のスケ
ジュールにより商品の買い付けに回ります。加入者が指示を与えた通り
に、定期預金にお金が回ったり、投資信託の買い付けに回ったりします。

　定期預金に積立をすると、そのお金はペイオフの対象となります。つま
り、預金保険制度の対象となりますから、元本 1,000 万円とその利息につ
いては保護されています。ただし、確定拠出年金で積立をしている A 銀
行の預金と、確定拠出年金以外の A 銀行の預金は合算されるので、合わ
せて元本 1,000 万円を超えた場合は、万が一の時、超過分は補償の対象外
となります。

　保険商品は、保険契約保護機構の補償の対象です。こちらは保険会社が
万が一倒産したとしても、責任準備金の 90％までが補償されます。責任
準備金は、解約返戻金と同じようなものと理解しておいていただければ結
構です。

　投資信託は、そのファンドに組み込まれた投資先の価格変動に影響をさ
れます。株式に投資をする投資信託であれば、株価の変動がそのまま投資
信託の評価に連動します。投資信託によって投資対象の数が異なります。
仮に日本の株式会社 100 社に投資をする投資信託であれば、その 100 社す
べてが倒産すれば、その投資信託の価値はゼロになります。そんな事態に
ならないために、複数の投資先に分散投資をしているのが投資信託です。

7 確定拠出年金の基礎知識 ② 給付

受取は60歳から70歳までの任意のタイミング

　確定拠出年金は加入者が60歳になると、積立ができなくなり、受取開始となります（iDeCoとiDeCo+の積立は60歳までですが、企業型は規約により65歳まで積立をすることもできます）。

　受取は**60歳から70歳までの10年間のうち、加入者本人の好きなときに受け取ることができます。**受取方法は、一括、分割、一部一括・一部分割の併用から自分で選ぶこともできます（2022年から、積立期間もそれぞれ5年延長され、受取時期も5年延長されます）。

　ただし、60歳までの加入期間が10年に満たない場合は、最大65歳まで受取が延長されてしまいますので、注意が必要です。

必要な加入期間					
受け取り開始可能年齢	60歳	61歳	62歳	63歳	64歳	65歳
必要な通算加入者等期間	10年以上	8年以上10年未満	6年以上8年未満	4年以上6年未満	2年以上4年未満	1カ月以上2年未満

資産形成を継続させるポータビリティ

　確定拠出年金は、企業型であろうと個人型であろうと、「加入者個人」

の口座です。加入者は、確定拠出年金を始めたら60歳まで積立を継続します。

その間、加入者の年金被保険者区分や働き先が変わっても確定拠出年金口座を持ち運び継続できる仕組み「**ポータビリティ**」があります。

例えば、20歳でiDeCoを始めたとします。国民年金の被保険者で保険料を納付していれば、学生でもiDeCoを始められます。この人が大学卒業後就職して、その会社に企業型確定拠出年金制度があったとします。すると、この人は自身のiDeCo口座を企業型確定拠出年金制度下に持ち運び、その後は会社から掛金拠出を受けながら、老後の資産形成を継続します。

この会社を辞めると企業型確定拠出年金の加入資格を失いますから、次の状況に合わせ、また確定拠出年金の口座を持ち運びます。この時、転職先に企業型確定拠出年金制度があれば、その会社にこれまで積立をしてきた確定拠出年金の口座を持っていきます。転職先に企業型確定拠出年金がない場合は、個人型（iDeCo）として手続きを行ない、積立を継続していきます。

このように、転職等でiDeCo→企業型DC→企業型DC→iDeCoと名称は変われど、「加入者」が自分の口座を持ち運ぶことを「ポータビリティ」といいます。

資産の移換時は全運用商品の売却が必要

ポータビリティは、資産形成を継続させるために、とても有効な仕組みですが、注意も必要です。なぜならば、個人型から企業型、企業型から個人型と確定拠出年金口座の名前が変わるたびに、中に入っているお金を次の口座に移し換える必要があるからです。この資金の入れ替えを「**移換**」と呼びます。

この移換の際、確定拠出年金口座の中で積立をしている運用商品をすべ

て売却するというルールがあります。例えば、投資信託を積立で運用していた場合、**移換のタイミングで、利益が出ていてもいなくても、全売却して現金化しなければならない**のです。

　したがって、転職などを考える際には、運用商品の売却を視野に入れておかなければなりません。タイミングによっては加入者が不利益を被ることになるので、問題視されていました。

　そこで、2017年に制度が見直され、仮に転職先に企業型DCがあっても、それまで投資をしていたiDeCoの口座を保有できるようになりました。企業型確定拠出年金の加入資格を有すると、原則iDeCoへ新規の積立ができませんが、それでも資産の売却が不要となったのはメリットと言えるでしょう。

　また、2022年からは、企業型DC加入者であっても、iDeCo併用としてiDeCoの口座に新規掛金を拠出できるようになります。

　このように、確定拠出年金はさまざまな改正が行なわれ、より使いやすく環境が整ってきています。

6カ月のリミットを過ぎると自動移換

　資産の移換は、特に企業型確定拠出年金を導入している企業からの転職時に注意が必要です。

　iDeCoから企業型への持ち運びは、転職の際に入社手続きの中に企業型確定拠出年金に資産移換をするかどうかの選択肢が組み込まれます。さらにこの場合、企業型確定拠出年金に資産を移さず、iDeCoのまま保有するという選択肢もあり、その場合は運営管理機関に勤め先が変わった旨の届け出を出すだけで終了します。

　しかし、企業型確定拠出年金に加入していた人は、その会社を辞めると、次の会社に企業型があれば企業型確定拠出年金に、あるいはiDeCoへ自身の資産を移換しなければなりません。なぜならば、企業型の確定拠出

年金口座はその企業の管理下にあり、**会社を辞めると必ず別口座にお金を移さなければならない**のです。

iDeCoからの移換と企業からの移換は、一見同じように思うかもしれませんが、企業型は特に転職先の制度により手続きが異なるので難解です。

さらに、この移換には**6カ月**というタイムリミットが設定されていて、間に合わない人も出てきます。

6カ月が経過すると、確定拠出年金の資産は国民年金基金連合会に格納されます。これを「**自動移換**」と呼びます。

自動移換されると、その資金は運用もされず、ただ管理手数料が引かれ、資産が目減りしていきます。

自動移換に気づいて自分の口座にお金を取り戻そうとしても、また手数料がかかったり、自動移換期間は当然ながら新規積立ができないので加入期間として認められず、受け取る際にデメリットになったりと、全くよいところなしの状態となってしまいます。

積立ができない場合は運用指図

60歳までの間には、時に掛金を拠出するのが困難になることもあるでしょう。その時は「**運用指図者**」といって、積立をお休みすることもできます（企業型の場合、休職期間中の掛金拠出はお休みとなるケースもあります）。

運用指図者の期間は、新規の積立拠出はできませんが、運用は継続します。したがって、今持っている運用商品の売買は可能です。

運用指図者は60歳までで積立を希望しない期間、また60歳以降で引き出しタイミングを待機している間の両方を指します。

運用指図者の注意点は、その期間は「加入期間」と認められないため、

一括で受け取る時の退職所得控除の計算に含まれないという点です。

　退職所得控除の期間に認められないということは、その分非課税枠が小さくなるということで、税金の恩恵が薄くなります。

　したがって、安易に積立をお休みするのではなく、最低掛金5,000円でも、継続したほうがメリットとなる場合が大きいといえます。月5,000円の積立であれば、1日あたり167円ですから、なんとかなる人も多いでしょう。

加入者が途中で亡くなった場合は遺族に死亡給付金

　確定拠出年金は60歳までの積立期間中に加入者が亡くなると、「死亡給付金」として遺族にその資金が払い出されます。遺族が死亡の申し出を窓口となる金融機関に申請し、それが受理されるとそれまで運用されていたお金はすべて現金化され、遺族へ支払われます。

　なお、この場合における遺族とは、公的年金と同じですから、配偶者は内縁関係でも受取人として認められます。また、あらかじめ受取人を指定することも可能です。

　加入中に障害を負った場合（障害1級または2級に該当）は、**障害給付金としてお金を引き出すことも可能**です。

COLUMN①

「老後2,000万円不足する」は本当か?

　「年金だけでは、老後2,000万円も足りないなんて、国はどう責任を取るんだ!」という政治家もいましたが、そもそも年金とは国からもらうものではなく、自分で作るものです。

　年金の計算はいたってシンプル。支払った保険料に応じて年金額が増えるのですから、老齢年金が少ないということは、現役時代に支払った保険料が少ない、つまり自分自身の行動の積み重ねの責任なのです。

高齢夫婦無職世帯の収入・支出
（夫65歳以上、妻60歳以上の夫婦のみの無職世帯）

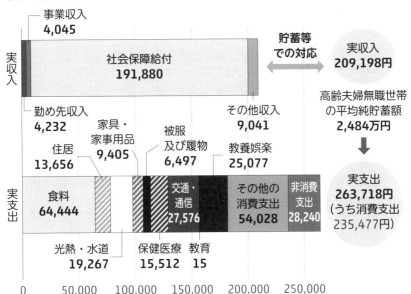

- 引退して無職となった高齢者世帯の家計は、主に社会保障給付により賄われている
- 高齢夫婦無職世帯の実収入と実支出との差は、月5.5万円程度となっている

出所:総務省「家計調査」(2017年)

前ページの図が、2,000万円問題の発端となった資料です。

　まず、高齢者夫婦無職世帯の収入20.9万円のうち、ほとんどが社会保障給付、すなわち年金です。しかし前述した通り、年金額は支払った保険料の額によって決まるのですから、この金額がすべての人に当てはまるというわけでは決してありません。

　では、支出はどうでしょうか？　グラフでは、収入に対して支出が26.3万円なので、毎月5.5万円の赤字が生じ人生100年とすると、そのトータルや2,000万円にものぼるのだというシナリオとなります。

　しかし、大事なのは支出の内訳です。食料、住居、光熱・水道エトセトラ、これはまさに我が家の家計だ！　と思われる方はどれだけいらっしゃるでしょうか？

　住宅ローンの支払いが70歳まで残る方、お子さんの教育費負担が長引いている方、医療費がかさんでいる方など、さまざまでしょう。すると、2,000万円足りないのかどうかなんて、人によって異なるのだということに気づかれるのではないでしょうか？

　つまり、2,000万円問題とは、キャッチーな言葉に異常に反応したマスコミに踊らされた国民という構図なのです。

　これを「のど元すぎれば熱さ忘れる」にしてはいけません。実際、老後はみなさんが思っている以上に長くなっていますから、早めに将来設計をする必要があります。

　せっかく税制優遇が受けられる「確定拠出年金」制度もあるのですから、活用しないなんてもったいない。将来のために、今取るべき行動を考えていくことがとても重要です。

第 2 章

事例で確認！
あなたの会社にぴったりの
確定拠出年金は？

確定拠出年金は国が制定した仕組みですが、
その仕組みを使うのは人間です。
重要なのは、会社に合わせて確定拠出年金をアレンジし、
そのメリットを最適化させること。
第2章では、著者の20年の経験から、
7事例をご紹介します。

1 会社の体制強化のために企業型 DCを導入したAさんのケース

CASE	創業5年　従業員60名のデザイン会社

業　　　種 ▷	デザイン会社
事 業 規 模 ▷	役員と従業員60名
採 用 制 度 ▷	企業型DC
目的と効果 ▷	会社の体制強化のため 役員には、5万5,000円を拠出 一般社員には、勤続年数に応じた掛金を拠出 従業員の働くモチベーションアップに貢献

　創業から5年、40代のAさんは経営者として非常に意欲的で、これか
らどんどん事業を拡大していこうと考えています。

　現在社員は60名、今後求人も積極的に行なう予定で、できれば今の時
代に合った退職金制度を考えたいと思っていました。従来の社内で退職積
立金を準備する方法では、損金計上ができないので、決算上何のメリット
もありません。中小企業退職金共済制度（中退共）という選択肢もありま
すが、社員が退職した際に積み立てた退職金が会社とは別団体から支払わ
れるので、それもあまりしっくりきません。

　また、社員が会社を辞める時にしか手に入らない退職金より、むしろ今
頑張っている社員が会社からの資金援助を理解し、モチベーションアップ
につながるような制度を導入したいと考えています。

　そこで導入したのが、企業型確定拠出年金（DC）です。掛金は**勤続年数で差を設けて、社員が長く勤めることにメリットを感じられるように工夫**しました。

　会社が負担する掛金は、全額損金計上でかつ社会保険料の算定対象となりません。Aさんは、全従業員になにか手当をつけようかとも考えていましたが、それだと社会保険料の負担も増えるし、従業員も手当に対して所得税負担が増えるので、それであれば、確定拠出年金のほうがメリットが大きいと考えたのです。

　ただ、Aさんの懸念事項としては、従業員がまだ若いためか、将来について考えたり、資産形成について学んだりという姿勢が少ないということがありました。これについては、定期的に社内で経済や資産運用などを学ぶ機会を設け啓もうしていきたい考えです。実際、経済の知識を持つことは仕事に活かせるので、教育にもしっかり力を入れていくとのことでした。

　Aさんと創業当初から一緒に頑張ってきてくれた副社長には、役員規程として掛金は会社から満額の5万5,000円を拠出していくことにしました。
　2022年からは、企業型DCは70歳まで掛金拠出が可能になるので、社長と同年代である副社長に対しても、運用利回りを1.5％程度と相当低く見積もっても2,500万円くらいの退職金は見込めるのではないかと考えています。
　確定拠出年金は、受け取る際も退職所得控除あるいは公的年金等控除など有利な受け取り方を選べるため、税金を抑えて引き出しができるところも非常に有利な制度であると判断されました。

2

新しい時代に合った退職金制度として企業型DCを導入したBさんのケース

CASE　二代目社長　従業員150名のメーカー

業　　　種 ▷	自動車部品メーカー
事 業 規 模 ▷	役員と従業員150名
採 用 制 度 ▷	企業型DC
目的と効果 ▷	退職金制度として 役員には、5万5,000円を拠出 一般社員には、役職に応じた掛金を拠出 従業員研修を充実させ、教育強化

　Bさんの会社は、自動車関連の部品メーカーです。Bさんの父親が昭和40年代に創業、高度成長期にはずいぶんと羽振りもよく、文字通り右肩上がりで成長してきた会社です。

　父親が会長に退いた後、Bさんに社長のバトンが渡ったのが5年前。世の中のニーズも変わり、営業的にも厳しい時代になっては来ましたが、やっと自分なりの経営スタイルが見えてきたとおっしゃっていました。

　Bさんの懸念事項は、会社として従業員に退職金制度を準備してあげられていないということでした。というのも、以前は厚生年金基金をされていたそうですが、積立不足の発生から不信感が募り、父親の代で脱退し、それっきりになってしまったそうです。

　退職する従業員に対しては、必要に応じて慰労金を支払ったりはしてき

ましたが、引当金も十分にできていなかったこともあり、その都度資金繰りに追われていたようです。

　また、社長交代の際、古参の従業員がずいぶん辞めてしまったこともあり、人事制度にはなかなか切り込めないまま、日々の生産に追われてきた背景もあります。

　今後従業員を増やしていく計画は当面ないものの、優秀な社員はしっかりと育てていきたいとのことで、福利厚生としても見劣りしない制度を導入したいとのご意向でした。

　そこで検討に入ったのが企業型DCでした。

　Bさんは、従業員の能力には給与額で応えていき、従業員の資産形成は自助に任せるものの、一部能力に応じた応援をする方針でした。したがって、事業主掛金は役職に応じで金額に区分を設けることにしました。

　Bさんは、以前の厚生年金基金の積立不足問題やその後の慰労金支払い時の資金繰りの苦労を知っていましたから、**毎月の掛金を経費で計上し、それ以上経済的な負担を強いられることがない**企業型DCは、会社の経営上、非常にメリットを感じていらっしゃいました。

　一方、若い頃、大企業にお勤めの経験があるBさんは、従業員があまり自分自身の将来設計に前向きではないこと、経済などにあまり関心を持っていないことを気にしていました。

　そして、その原因はこれまで従業員の教育がなされてこなかったことが原因と考え、確定拠出年金導入を機に従業員向け研修も継続的に実施する方向となりました。

3

節税を意識して企業型DCを 導入したCさんのケース

CASE	法人成をしたばかりの社員7名の美容クリニック

業　　　種 ▷	美容クリニック
事 業 規 模 ▷	役員と従業員7名
採 用 制 度 ▷	企業型DC
目的と効果 ▷	経営者の節税と福利厚生の拡充 役員には、5万5,000円を拠出 一般社員には、一律1万円を拠出 全額損金で経営者の退職金準備を実施

　Cさんは、美容クリニックの院長です。これまで勤務してきたアンチエイジングを中心としたクリニックから独立したばかりです。おしゃれで落ち着いた雰囲気の院内インテリアは働く女性を中心に人気を博しています。

　Cさんのクリニックは、最新のマシーンを使った診療が専門なので、それほど人員も必要なく、特に事業規模を大きくする予定もないため、法人の利益はできるだけ個人資産に移転したいと考えています。

　とはいえ、会社の利益を役員報酬として個人に移すと、社会保険料の負担も増えますし、個人の所得税も増えます。法人成によって、厚生年金に加入することになったので、法人と個人の両方での社会保険料負担がとても重いとも感じていました。

　そこでCさんが取り入れたのが、企業型確定拠出年金（DC）です。企業型は個人型と異なり、会社が掛金を個人の確定拠出年金口座に拠出しま

す。拠出した掛金は、会社としては全額損金計上となりますから、**法人税の圧縮**となります。社会保険料の算定対象にもなりませんので、**社会保険料を増やさず、経費を増やして資産の個人移転**ができます。

　一方で、Ｃさん個人の確定拠出年金の口座に拠出された掛金は、Ｃさんの所得税の対象とはなりません。また、法人同様社会保険の算定対象となりませんから、社会保険料の負担増にもなりません。経営者は会社としての支払いと個人としての支払いが発生しますが、確定拠出年金は両方の面でメリットを受けられます。

　なによりＣさんが喜んだのは、掛金です。Ｃさんは個人事業主時代から個人型確定拠出年金（iDeCo）を始めていました。それが法人成により年金被保険者区分が1号から2号に変わり、月の掛金上限が6万8,000円から2万3,000円に引き下げられたことに不満を感じていました。

　しかし、企業型にすることにより、Ｃさんの掛金上限が5万5,000円まで拡大することを知り、メリットだと考えました。

　また、iDeCoの掛金拠出は現行60歳までとなっていますが、企業型は導入時の設定で65歳まで拠出ができるので、少しでも多く個人へ資金移転をしたいと思うＣさんの目的に合致します（掛金拠出期間は2022年より個人型は65歳、企業型は70歳まで拡大されます）。

　企業型を導入するにあたり、少し躊躇したのが、その導入費用です。個人型の新規加入にかかる費用は数千円ですが、企業型の場合は、制度導入の際に金融機関に対して数十万円の初期費用や、毎月1万円程度のランニングコストも継続的にかかります。しかし、それらを加味しても十分ペイできると考え、導入を決められました。

　従業員については、福利厚生の拡充として、一律1万円の掛金としました。ドクター含めスタッフ全員が女性なので、長生きに対する関心も高いみなさんです。Ｃさんの意向で座談会形式で行なった勉強会はとても盛り上がりました。

4 従業員の老後支援としてiDeCo+ を導入したDさんのケース

CASE	夫婦で営む従業員2名の不動産会社

業　　　種	▷ 不動産会社
事 業 規 模	▷ 役員と従業員2名
採 用 制 度	▷ iDeCo+
目的と効果	▷ 従業員の老後支援のため 対象者全員に事業主掛金4,000円を拠出 税制優遇制度で老後資産形成の効率アップを実現

　夫婦で不動産会社を経営するDさんは56歳、自身もそろそろ老後が気になってきました。最近、奥さんが病気になったりと苦労も続き、これからのお金について今までになく真剣に考えるようになったそうです。

　これまでは税理士の勧めで小規模企業共済をしてきました。これは月7万円まで積立ができ、その掛金全額が所得控除として認められるので、広く利用されている制度です。会社の経費としては落とせませんが、年間84万円課税所得を圧縮できるのは大きいものです。

　自分の老後について考えていたら、ふと社員のことも気になってきました。会社の従業員は2人、どちらも40代後半に差しかかっています。

　そこでDさんが着目したのが、個人型確定拠出年金iDeCoです。掛金を利用して投資信託などで運用をするという点は少し難しいのではとも感じましたが、元本確保型という定期預金の選択肢もあるということがわかり、これなら大丈夫だと判断しました。

　iDeCoはあくまでも本人の任意加入なので、社員に対して無理強いはできないと思ったDさんですが、iDeCo+（中小事業主掛金納付制度）を活用すれば、iDeCoに加入している社員について、会社が掛金援助をしてあげられるということがわかりました。会社からの資金援助があれば従業員は喜ぶに違いないと思ったDさん、さっそくiDeCo+導入の申請をしました。

　Dさんは、従業員へiDeCoの説明をし、加入を促しました。会社としては毎月4,000円を加入者に資金援助することにしました。iDeCoの毎月の最低掛金は5,000円なので、会社が4,000円出すということは、社員は月1,000円でiDeCoが始められるというわけです。iDeCoの掛金の枠は月2万3,000円ですから、本人が希望すればあと1万9,000円の追加掛金を拠出することができます。

　会社として負担する月4,000円の掛金は全額損金計上が可能です。社会保険料の算定対象となりませんので、それ以上の負担は発生しません。

　また、導入のための費用が一切かからないことも魅力です。あくまでも個人の任意加入なので、加入時の数千円の手数料は本人が負担します。

　iDeCo+は、会社として本人掛金を給与天引きするなど若干の手間がかかりますが、**福利厚生の拡充と考えれば費用対効果は大きい**と判断したのです。

　iDeCo+は、社長であるDさんも利用できます。iDeCoは60歳までしか掛金が出せないので、56歳のDさんはあまり時間がないからやってもムダだと思っていましたが、法改正により2022年から65歳まで加入が可能と聞いて、反対にやらないのは損だと思ったのです。

　また、運用は最大75歳まで継続できるようになるので、実は投資好きのDさんも意欲がわきました。iDeCoの口座の中で投資信託を購入すると、**通常の金融機関より低コストで運用が可能**です。また、運用益は非課税ですから、あと20年近く、この制度の中で資産運用ができるのは絶好のチャンスと考えています。

5 求人対策としても期待し、iDeCo+ を導入したEさんのケース

CASE	従業員30名の学習塾

業　　　種 ▷	学習塾
事 業 規 模 ▷	役員と従業員30名
採 用 制 度 ▷	iDeCo+
目的と効果 ▷	会社の体質強化のため 勤続年数に応じて事業主掛金を決定 福利厚生の拡充で求人対策にも期待

　学習塾経営のEさんは、従業員からの提言がきっかけでiDeCo+ 導入に踏み切りました。この従業員は、前職で企業型確定拠出年金をしており、学習塾に転職後、やりがいは増えたものの処遇には不満を持っていたのだといいます。せめて退職金制度くらいはないと、人材募集をするときにも見劣りするのではないだろうかと会社のことも心配していました。

　Eさんは、やはり退職金となると長い時間軸の中でお金の準備をしていかなければなりませんし、複雑な会計処理や制度の導入や維持にお金がかかる点が経営者としては前向きになりにくいと感じていました。

　しかしiDeCo+ であれば、初期費用もかかりませんし、メンテナンス費用もかかりません。事務手続きについては、制度導入時にいくつかの書類を国民年金基金連合会への提出が必要ですが、ウェブサイトに丁寧な記入例などが掲載されているので、特に問題ないと思いました。

　iDeCo+ 導入にあたり、整備したのは給与天引きの仕組みです。何日締

めで、いつの給与に反映させるのか、退職月の掛金の拠出方法、休職中の取り扱いなどは労使で合意を得ました。

　iDeCoは年に1回掛金の変更ができますが、従業員が金融機関だけに届け出をしてしまうと、会社の口座から振替される金額と変更後の掛金額とに差額が生じ後処理が大変になるので、年に1回の金額変更と新規加入希望者（中途入社については、入社時にも加入の意思確認をする）の募集を周知し、手続きを漏れなくすることにしました。

　さらにiDeCoは、1年間の掛金積立額を一定とはせず、ボーナス月に増額といった年単位での調整が可能です。そちらも事務処理の手間を省き、ミスを防ぐために、毎月定額のみとしました。従業員の掛金は給与額から差し引いたうえで源泉処理をするので、毎月処理が発生すると社内の事務コストがかかるのです。

　手間は多少かかるものの、それ以上に魅力に感じた点は、**求人に活用できる制度**だとわかったことでした。

　経済状況が不安定になると、より福利厚生が充実している企業に人が集まりやすくなります。iDeCo+は中小事業主掛金納付制度と求人票に謳うことができ、本人も自分のiDeCoのマイページで残高確認をする際に、事業主掛金額を容易に目視することができます。これにより、会社の福利厚生の充実をしっかりと認識してもらえると期待しました。退職金だと退職する時にしか支払われませんが、iDeCo+だと、毎月掛金として会社が支援金を拠出してくれるので、わかりやすいのです。

　会社が負担する掛金は、資格ごとに決めることができます。資格とは、「職種、勤続期間の他、労働協約または就業規則、その他これらに準ずるものにおける給与及び退職金等の労働条件が異なるなど、合理的な理由がある場合において区分するもの」と定められています。そこで、従業員の定着、管理面での簡便さも考慮し、勤続年数により掛金に段階を設けています。

6

iDeCoでパート従業員の働く 機会を拡大したFさんのケース

CASE | パート従業員を多数抱えるスーパー

業　　　種 ▷	スーパーマーケット
事 業 規 模 ▷	役員と数名の正社員、パート従業員多数
採 用 制 度 ▷	iDeCoの推奨　（正社員向けにはiDeCo+）
目的と効果 ▷	厚生年金に加入していないパート従業員の年収調整の対策として、iDeCoの推奨 労働時間の拡大と人件費の圧縮

　地元で評判のスーパーを経営するFさん、働き手も地元の主婦がもっぱらの戦力です。

　経営者としての悩みは、年末のかき入れ時になると、パートさんが年収調整に入ることでした。ご存じのように、「103万円の壁」があり、パートの多くは扶養の範囲内、税金がかからない範囲内で働きたいと考えています。そのため、いくら計画的にと言っても、年の終わり頃には、年収調整のためにシフトに入れないという状態が続いていました。

　「103万円の壁」とは、所得税を支払わずに済む年収のラインのことです。また、これ以外にも扶養から外れる「130万円の壁」もあります。

　仮に、103万円を超え、130万円まで収入を上げたとしましょう。すると、27万円の差額に対し、所得税1万3,500円、住民税3万2,000円、合計4万5,000円の納税義務が生じます。

52

　しかし、ここで iDeCo に加入したらどうでしょうか？

　専業主婦の iDeCo の掛金上限額は 2 万 3,000 円ですから、満額の積立を すれば、年間 27 万 6,000 円の iDeCo の控除が受けられます。扶養内で働き、同時に iDeCo に掛金を拠出すれば、給与所得控除と基礎控除と iDeCo の控除（小規模企業共済等掛金控除）で合計 130 万 6,000 円の控除となり、課税所得は 0 円になります。つまり、**税金を払わずに年収を増やし、貯蓄が増やせる**のです。

　さらに、ご主人が受けられる扶養控除も現在は年収 150 万円まで適用されますから、家計全体のメリットはパートの奥さんだけに及ばず、さらに大きくなります。そこで、F さんが iDeCo 加入を勧めたところ、パートさんの多くが iDeCo を始めることになりました。

　最初、確定拠出年金は投資だと思って構えていた方も、定期預金という馴染みの商品で運用しても税金を支払わずに済むというのは、割りのよい利息だと考えるようになったそうです。

　また、経営者にとっても、ベテランのパートさんに年収 103 万円で仕事を調整されるより、あと年間 27 万円働いてもらうほうが助かります。仮に時給 900 円であれば、300 時間以上多く働いてもらうことができます。

　特にスーパーの場合、年末にベテランのパートさんが不足するのは大きな痛手だったそうです。アルバイトを雇うにしても、備品の整備や研修にもお金がかかります。さらに欲しい時に欲しい人材が入ってくれるとも限りませんから、ベテランのパートさんに働いてもらえるのは非常に助かるのだと F さんはおっしゃっていました。

　その後、F さんは、正社員（厚生年金加入者）向けの福利厚生拡充のために iDeCo+ も導入しました。

7

iDeCoによるライフプラン啓もうから、従業員との関係性も改善したGさんのケース

CASE 従業員によって雇用形態が異なる美容院

業　　　種	▷	美容院

事 業 規 模	▷	役員と正社員、業務委託契約の個人事業主

採 用 制 度	▷	iDeCoの推奨（正社員向けには企業型DC）

目的と効果	▷	契約従業員の将来支援のため iDeCo推奨を通じ、ライフプラン研修の実施 将来の独立も視野に、会社として支援

　Gさんは地元に複数の店舗を構える美容院を経営しています。スタイリストは従業員として厚生年金加入で迎えるのが前提ですが、中にはいずれは自分の店舗を持ちたいという人もおり、個人事業主として契約で働くケースも多く、雇用形態がバラバラです。

　勤続年数は二極化しており、長く勤めてくれる人の中には10年以上頑張ってくれるスタイリストもいますが、短期で辞めていく社員も多く、入退社手続きも手間に感じます。

　また、社会保険加入よりもバイト感覚で社会保険は不要、むしろ手取りが減るので、社員ではないほうが働きやすいという若い人も多いとのことでした。

　美容院経営の年数を経るにつけ、できれば退職金も完備したほうがよいのかもしれないが、正社員がそれほど多いわけではなく、定着率を考える

と、退職金制度を作ることにそれほどメリットも感じないと悩んでいらっしゃいました。

　Gさんは、税理士の勧めもあり、国民年金被保険者だった個人事業主の頃に国民年金基金に加入していました。ただし、国民年金基金は法人成をして厚生年金被保険者になると継続できず、なにか他にいい資産形成の方法があったら考えたいということで、企業型DCの導入を検討しました。

　Gさんはまだ40代ですが、やはり経営者だけあって、ご自身の人生設計、資金計画はとてもしっかりお考えでした。ご本人も若くして独立し自分のお店を切り盛りしてきたので、スタイリストたちにも希望があれば独立を応援するというスタンスでした。

　しかし、懸念されていたのは、あまりにもお金の知識を持っていない人が多いということでした。いつかは自分のお店を持ちたいという思う気持ちは大切ですが、どの地域でも美容院は激戦です。資金繰りしかり、設備投資しかり、サービス内容しかりと経営の難しさも身に染みて理解しています。同時に家族を養っていくためにも、家計をしっかり支える責任もあります。

　「あまりにも、将来のことを漠然と考えているスタッフが多いので、親心というかもう少し彼らにお金のことを学ぶきっかけを与えたい」との要望がありました。

　そこで行なったのは、**ライフプラン研修**です。会社として費用を持ち、研修を開催しました。

　内容は、「人生にかかるお金と、その上手な準備方法」です。若いスタッフも多いので、結婚資金、子どもが生まれた時の教育資金、老後の年金の仕組みなど2回にわたって研修しました。

　後半は、iDeCoにも触れました。いかに時間を味方につけ、経済成長の恩恵を受けながら、お金を成長させることが大切かという話に、スタッフ

のみなさんはうなずいていらっしゃいました。

　独立志望のため、厚生年金に加入することを好まなかった人も、年金の仕組みを理解したことにより、考えが変わったようです。お世話になっている間、きちんと社員として厚生年金に加入させてもらい、応援してくれているＧさんに指導を仰ぎながら、いずれは独立したいと言った人もいました。
　Ｇさんも目をかけていたスタイリストから、これまで以上に深い内容の相談を受けるようになり、関係性もよくなったようです。

　アルバイトでいいと言っていたスタイリストからも、「将来を考えると、せっかく働かせてもらえる機会があるのだから、社員として登用してほしい」という希望がありました。
　自発的な申出をしてもらえると、経営者としても、費用をかけてでも一人前に育てたいという意欲もわき、お店の雰囲気もずいぶん変わったそうです。Ｇさんは様子を見ながら、iDeCo+ も検討していきたいとのことでした。

＊　　＊　　＊

　以上、７人の経営者の確定拠出年金活用事例をご紹介しました。
　確定拠出年金は業種や事業規模にかかわらず、導入メリットがあることはご理解いただけたかと思います。
　次章からは、確定拠出年金の税制優遇の詳細や導入のプロセスなどを具体的にご紹介します。読み進めるうちに、あなたの会社がどの制度をどのように活用すべきかがはっきりしてくるでしょう。

COLUMN②

経営者こそ油断できない！
働くと受け取れなくなる老齢年金

　経営者の方とお話をしていると、意外に国の年金制度をご存じなく、単純に年収が高いのだから、たくさん老齢年金が受け取れるだろうと思っている方が多いのに驚くことも少なくありません。

　確かに、給与が高い経営者の方が負担する社会保険料は大きいのですが、老齢厚生年金の計算に算入される年収額には上限が設けられています。標準報酬月額（平均的な給与額）は65万円（2020年8月までは62万円が上限）、賞与は月間150万円までで、かつ年間3回までです。

　つまり、給与が65万円以上となると、厚生年金の等級は上限に達しますので、支払うべき保険料も頭打ち、将来受け取る老齢厚生年金も頭打ちになるのです。

　このように、賞与を含む年収が高い人は相対的に老齢年金の受給額が抑えられるようになっています。これを「社会保障制度における所得再分配」と呼んでいます。つまり、現役時代にいくら年収の違いがあっても、老齢年金にはそれほどの差が生まれないのです。

　上限があるとはいえ、老齢厚生年金は生涯にわたって収入の多い人は年金額も多くなります。しかし、一生現役で働く中小企業の経営者は、せっかく長年支払ってきた保険料が報われないというジレンマにぶつかることを頭に入れておいたほうがよいでしょう。それは「在職老齢年金」という制度のためです。

　在職老齢年金とは、60歳以降も厚生年金に加入し働く人に対し、ある程度報酬が高いのであれば老齢厚生年金の受け取りはご遠慮ください、というものです。おそらく中小企業の経営者は、まず逃れることのできない呪縛です。

【在職老齢年金】

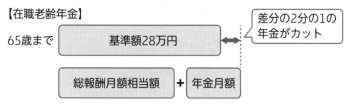

65歳まで　基準額28万円 ←→ 差分の2分の1の年金がカット

総報酬月額相当額 ＋ 年金月額

（例）総報酬月額相当額20万円、老齢厚生年金月額10万円の場合
20万円＋10万円＝30万円
30万円－28万円＝2万円
$2万円 \times \frac{1}{2} = 1万円$（カットされる年金額）
※実際に受け取れる老齢厚生年金は月10万円ではなく**9万円**

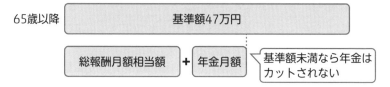

65歳以降　基準額47万円

総報酬月額相当額 ＋ 年金月額 基準額未満なら年金はカットされない

総報酬月額相当額
＝（その月の標準報酬月額）＋（直近1年間の標準賞与額の合計）÷12
年金月額
＝老齢厚生年金額÷12

　まず、65歳までの仕組みで説明します。

　総報酬月額と老齢厚生年金月額を足して基準額である28万円を超えると、その超過分の半分の老齢厚生年金が支給停止（カット）されます。総報酬月額というのは、当月の標準報酬月額と直近1年間の標準賞与額の合計を12で割った金額を指します（この基準額は2022年から、現行の65歳以降と同じく47万円に引き上げられます）。

　65歳以降は基準額が47万円ですが、考え方は同じです。一般的なサラリーマンの場合、高齢期の再雇用で47万円という基準額を超えるほどの年金及び報酬を受け取っている人はそう多くはないので、これは妥当だと考えられていますが、やはり、ここでも経営者は該当してしまうでしょう。

　年金は、受取開始時期を早めたり、遅らせたりすることができます。前者を「繰上げ」、後者を「繰下げ」といいます。

　繰上げをすると、年金額が1カ月ごとに0.5％ずつ減額されます（2022年より0.4％になります）。繰下げをすると、年金額が1カ月ごとに0.7％ずつ増えます。

　現行では最大70歳まで遅らせることができるので、本来65歳で受け取るはずの年金が、5年遅らせることで1.42倍まで金額が増えます（2022年からは最大75歳まで遅らせることが可能となり、増額率は最大1.84倍になります）。

支給開始年齢

| 60歳 | **65歳** | 70歳 |

繰上げ　**受給開始年齢**　繰下げ

年金額は月あたり
0.5％ずつ減額される
（2022年から、減額率は0.4％）

年金額は月あたり
0.7％ずつ増額される

※2022年からは75歳まで拡大

　著者がここまでの話をすると、多くの方が「在職老齢年金でカットされた年金をそのまま繰下げれば増えますよね」とおっしゃるのですが、残念ながらそうはいきません。支給停止となった部分は、「権利が消滅」するので、失った年金額を遅らせること自体ができないのです。

　在職老齢年金における年金のカットが全額ではなく一部であれば、カットされない部分を繰下げて金額を増やすことは可能です。しかし、全額カットだと繰下げる元がなくなってしまいます。

　もちろん、厚生年金に加入している限り、老齢厚生年金の額を増やすことができますし、在職老齢年金に影響されない老齢基礎年金は65歳から

でも受給でき、また繰下げもできますが、あらかじめ年金の正しい情報は頭に入れておいたほうがよいでしょう。

　厚生年金には、家族手当ともいえる「加給年金」がつきますが、これも在職老齢年金により老齢厚生年金が全額カットされると加給年金も受けられなくなります。

　例えば、夫65歳、妻60歳といった年齢差のある夫婦の場合、妻が65歳になるまでの5年間、夫の老齢厚生年金に加給年金が約40万円加算されます。5年間だと200万円ですが、これが受けられなくなります（老齢厚生年金が一部カットの場合は、加給年金は支給されます）。

　このように、経営者は働き続けることにより、老齢厚生年金を受けられない状況を作ってしまう可能性が高いのです。

　そこで必要なのが、国の年金制度とは別に、ご自身が自由に使える「自分年金」を作ること、すなわち確定拠出年金の活用というわけです。確定拠出年金の資産は会社からの給与の額や公的年金の額に影響を受けることなく、自分の好きなタイミングで受け取ることができます。

第 3 章

こんなにトクする！
確定拠出年金の
税制メリット

確定拠出年金とは、税制優遇を受けながら老後の
資産形成ができる仕組みです。「積立をする時」
「運用する時」「受け取る時」にそれぞれ
税制優遇が受けられます。

1 企業型確定拠出年金の 拠出時の税制メリット

確定拠出年金で得られる税制優遇とは?

確定拠出年金には、3つの場面での税制優遇があります。

①毎月掛金を拠出する際に所得税がかからない
②金融商品で運用をする際に税金がかからない
③受取の際に税金の優遇がある

企業型確定拠出年金の拠出時の税制メリット

①の毎月の掛金についての税制メリットは、企業型・iDeCo・iDeCo+で異なります。順を追ってお伝えします。

企業型確定拠出年金の拠出時の税制メリット

企業型確定拠出年金は、会社が従業員の確定拠出年金口座に掛金を拠出します。この掛金は制度導入の目的によって意味合いも変わりますが、ま

ずは退職金の前払いをイメージしていただくとわかりやすいと思います。

　この事業主掛金は、**所得税も社会保険料も引かれず、全額が従業員の老後資金となる**ところがポイントです。なお、会社としても法定福利費、つまり社会保険料の負担も不要です。

　例えば、会社から従業員にお金を支払うという意味では、給与も確定拠出年金の掛金も同じです。しかし、給与には、社会保険料と税金の支払いが発生します。しかし、確定拠出年金の掛金には、それらすべてがかからないのです。

　従業員が負担する社会保険料（健康保険・介護保険・雇用保険・厚生年金保険）は、給与に対して約15％、所得税は最低でも5％、住民税は10％ですから、それらの負担額が引かれるのと引かれないのとでは、ずいぶん大きな違いになります。

　また、会社側から見ると、従業員に支払う給与に対してやはり約15％の法定福利費の負担義務が生じますが、確定拠出年金にはその支払いも不要です。**確定拠出年金の掛金は全額損金ですから、社会保険料の負担のいらない給与**のようなものです。

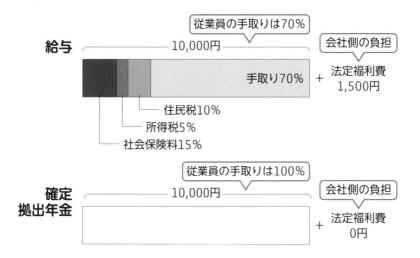

給与 — 10,000円 —
従業員の手取りは70%
手取り70%
住民税10%
所得税5%
社会保険料15%

+ 会社側の負担
法定福利費
1,500円

確定拠出年金 — 10,000円 —
従業員の手取りは100%

+ 会社側の負担
法定福利費
0円

会社の処理としては、事業主掛金を「**確定拠出年金掛金**」という会計科目で経理処理を行ないます。

そもそも、課税も社会保険料の算定対象にもならないお金なので、給与明細に記載する必要はありませんが、従業員の意識を高めるために「確定拠出年金掛金」欄をわかりやすく設けることはお勧めです。

なお、会社が拠出する毎月の掛金額や累計額は、従業員一人ひとりの確定拠出年金口座マイページで各自確認が可能です。

資金の流れとしては、全社分の掛金を会社の口座にまとめておくだけで結構です。毎月26日に、運営管理機関がその口座から指定金額を引き落とし、各従業員の口座に資金が入金されます。

こんなにトクする！
確定拠出年金の税制メリット　第3章

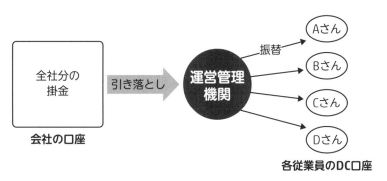

企業型確定拠出年金の掛金

　企業型確定拠出年金の掛金は、月5万5,000円が上限と定められています。会社にDB（確定給付企業年金）も併設している場合は、その半額2万7,500円が上限です。

　しかし、上限いっぱいまでの掛金を会社が拠出しているわけではなく、大企業の場合も多くが1万円以下というデータもあります。

　この掛金は、**退職金の前払いという形で勤続年数や役職に応じて会社が定めます。**福利厚生として全従業員一律の額を支給する会社もあります。いずれにしても、上限はあるものの、その範囲内であれば会社が独自で設定するものと考えてください。

　企業型の掛金拠出は、規約により**65歳まで**とすることが可能です。例えば定年が60歳であれば掛金拠出は60歳まで、定年が65歳、あるいは再雇用制度で資格を継続させるなどの状況であれば掛金拠出は65歳までと設定が可能です。

企業型DCのみ実施している場合

（n＝295.8万人）
拠出限度額 月額5.5万円

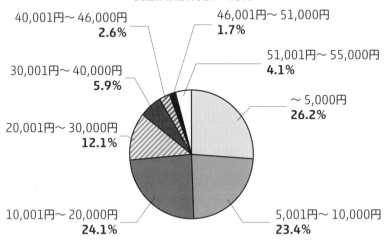

40,001円〜46,000円
2.6%

46,001円〜51,000円
1.7%

51,001円〜55,000円
4.1%

30,001円〜40,000円
5.9%

〜5,000円
26.2%

20,001円〜30,000円
12.1%

10,001円〜20,000円
24.1%

5,001円〜10,000円
23.4%

（出所）2019（令和元）年度確定拠出年金運営管理機関業務報告書

　なお、2022年からは70歳まで掛金拠出ができるように規約を変えられるようになります。

2 iDeCoの拠出時の税制メリット

最低でも15％の節税になる

　iDeCoは任意で加入する私的年金ですから、その掛金は、個人のお財布から拠出します。これは**「全額所得控除」となり、所得税のかからないお金**となります。所得税は超過累進課税なので、その税制メリットは本人の課税所得によりますが、最低税率が5％であることから、掛金に対して少なくとも5％の節税が可能です。

　また、住民税も全額所得控除となりますから、こちらは掛金に対して10％の節税が可能です。**自分の将来のために貯蓄をすると節税ができる、**これがiDeCoです。

　老後の備えとして、多くの方が利用する保険会社の「個人年金保険」とiDeCoを比較してみましょう。

　ご存じのように、個人年金保険も保険料が生命保険料控除となる税制優

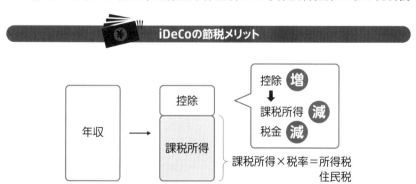

iDeCoの節税メリット

遇があります。

　例えば、個人年金保険に月1万円、iDeCoで月1万円の積立をしたとしましょう。いずれも老後の備えとしての積立です。

　会社員の場合、年末調整の際に保険会社が発行する「生命保険料控除証明書」を会社に提出すると還付が受けられます。個人年金保険の場合、控除の対象となる金額には上限が設けられています。年間12万円の保険料の支払いに対し、控除が認められる金額は4万円です（下記の生命保険料控除表を参照）。

生命保険料控除表

年間の支払保険料等	控除額
20,000円以下	支払保険料等の全額
20,000円超 ～ 40,000円以下	支払保険料等 × 1/2 + 10,000円
40,000円超 ～ 80,000円以下	支払保険料等 × 1/4 + 20,000円
80,000円超	**一律 40,000円**

　仮に課税所得300万円（年収約500万円）の人であれば、所得税率は10%ですから、年末調整での還付は4,000円となります（生命保険料控除額4万円×対象税率10% = 4,000円が節税効果）。

所得税率表

課税される所得金額	税率	課税される所得金額	税率
195万円以下	5%	900万円を超え1,800万円以下	33%
195万円を超え330万円以下	**10%**	1,800万円を超え4,000万円以下	40%
330万円を超え695万円以下	20%	4,000万円超	45%
695万円を超え900万円以下	23%		

　生命保険料控除は住民税にも適用されます。こちらは支払保険料12万円に対し、やはり上限があり、2万8,000円の控除です。住民税率は10％ですから、翌年の支払うべき住民税が2,800円安くなります。

　では、iDeCoの場合はどうでしょうか？

　生命保険料控除と異なり、iDeCoの掛金は全額が所得控除になります。年間12万円の掛金であれば、12万円の控除が受けられるという意味です。

　したがって、課税所得300万円の人がiDeCoで年間12万円を積み立てると、年末調整で1万2,000円還付が受けられるのです。

　また、住民税についても全額が所得控除となりますから、ここでも12万円に対し10％、つまり1万2,000円、翌年の住民税が安くなります。

　つまり、老後のための積立を個人年金保険ですると、年間12万円の保険料に対する税金のメリットは6,800円ですが、**iDeCoであれば2万4,000円**であるということです。

　iDeCoの場合、この税金のメリットが掛金拠出を継続する限り続きます。

年間12万円の積立に対する税金メリットの差

個人年金保険の税金メリット 6,800円

年間1万7,200円の差

iDeCoの税金メリット 2万4,000円

iDeCoの税金還付手続き

　会社員の場合、**掛金は口座振替（個人払込）か給与天引き（事業主払込）かの二択**となります。会社が給与天引きをしている場合は給与天引き、していない場合は加入者指定の口座振替となり、どちらの方法になるかはiDeCo加入の際、会社に確認します。また、この徴収方法によって税の取り扱い方法が異なります。

　口座振替の場合は、年末調整の際に国が発行する「**小規模企業共済等掛金控除証明書**」を会社に提出することで、所得税の還付を受けます。また、住民税は翌年の支払い額で調整されます。これは生命保険控除と同様の処理ですので、戸惑うことはないでしょう。

　一方、給与天引きの場合は、会社が毎月の給与天引きの際に税金処理を行なう（掛金分収入を減らして源泉処理を行なう）ため、年末調整は不要です。「小規模企業共済等掛金控除の証明書」も発行されません。

　いずれにしても、優遇される税金の金額は変わりません。

企業型確定拠出年金の「iDeCo」的な部分

　企業型確定拠出年金は、会社が従業員に対し掛金を拠出します。その金額は給与と異なり、所得税も社会保険料のかからないお金であることは前述しました。

　同時に、企業型確定拠出年金は、従業員が自らのお財布から掛金を拠出できる仕組みがあります。それが「**マッチング拠出**」「**iDeCo併用**」「**給与減額型方式の選択制**」の3種類です。

　それぞれの詳細は第5章にてご説明しますが、従業員が拠出する掛金ももちろん、税制優遇を受けることができます。

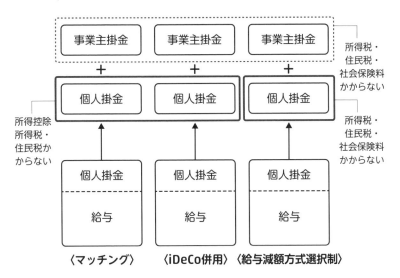

企業型確定拠出年金の拠出の仕組み

		所得税	住民税	社会保険料
事業主掛金		かからない	かからない	かからない
個人掛金	マッチング	かからない	かからない	かかる
	iDeCo併用	かからない	かからない	かかる
	給与減額方式選択制	かからない	かからない	かからない

　マッチング拠出とiDeCo併用は、iDeCoと同様に「掛金全額が所得控除」となります。税金の還付の手続きはiDeCoと同様で、掛金を口座振替で徴収すれば年末調整で還付、給与天引きで徴収すれば毎月の給与で源泉処理をして完了となります。

　ただし、給与減額方式の選択制というのは、税金も社会保険料も引かれる前の額面給与から確定拠出年金の掛金を切り出して拠出するので、「還付」ではなく、そもそも税金も社会保険料もかからないお金となります。つまり、企業が拠出する事業主掛金と同様の取り扱いとなるのが特徴です。

3 iDeCo+の拠出時の税制メリット

税制優遇もハイブリッド型

iDeCo+ は、iDeCo をしている従業員に対し会社が掛金をアドオンして
あげる制度です。したがって、会社が拠出する事業主掛金は企業型確定拠
出年金の事業主掛金同様、税金も社会保険料もかからないお金で、かつ損
金として計上できるお金となります。

また、従業員の iDeCo 部分で拠出した掛金は全額所得控除となります。
iDeCo+ における従業員の掛金は、給与天引きがルールですから、税金
の手続きは毎月の源泉処理となります。

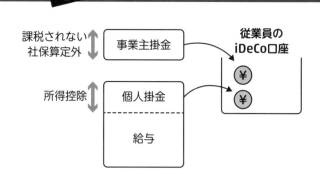

4 金融商品で運用する時の税制メリット

運用益に税金がかからないのは全部共通

　確定拠出年金には3つの場面での税制優遇があると言いましたが、企業型確定拠出年金であろうが、iDeCoであろうが、iDeCo+であろうが、2つ目の「金融商品で運用をする際に税金がかからない」という税制優遇については共通です。

　確定拠出年金という「老後資金専用口座」に毎月積み立てられたお金は、金融商品で運用していきます。運用商品は加入者本人が自分で選べるのですが、仮に定期預金で積立をするとしましょう。

　通常、銀行で定期預金をすると利息がつきます。低金利ではありますが、利息がつくとそれに対し20.315%の税金がかかります。しかし、**確定拠出年金の口座の中で定期預金をすると、この利息にかかる税金が全くか**

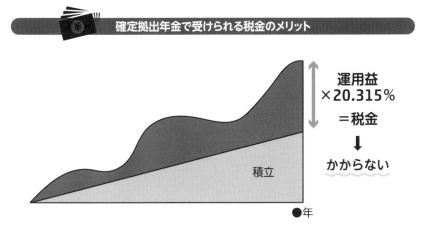

確定拠出年金で受けられる税金のメリット

運用益
×20.315%
＝税金
↓
かからない

積立

●年

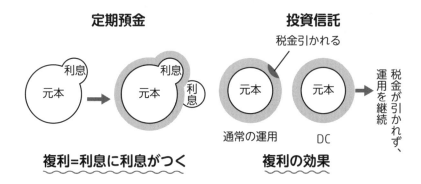

定期預金

利息
元本 → 元本 利息
利息

複利=利息に利息がつく

投資信託

税金引かれる

元本 元本 → 税金が引かれず、運用を継続

通常の運用　DC

複利の効果

からなくなります。

　これは投資信託で運用しても同様です。確定拠出年金の口座内で投資信託を売買する際に生じた利益には税金がかかりません。税金を負担することなく、売却で得た資金を次の投資に活かせるので、「**複利の効果**」が期待できます。

　複利とは利息が利息を産む仕組みで、通常は複数年の定期預金の利息で表現される言葉です。そのため、実際投資信託のように、価値が変動するものに「複利」という言葉は使わないのですが、ここでは運用利益に対して税金を引かれることなく全額を次の投資に回せるとという意味で、「複利の効果」が期待できると表現しています。

NISAより長期で非課税メリットを享受できる

　税制優遇が得られる資産形成の仕組みとしては「NISA」という制度もあります。こちらは「少額投資非課税制度」と呼ばれるもので、文字通り少額から投資が可能で、投資で得られた利益には税金がかからないというものです。

　NISAには「一般NISA」と「つみたてNISA」の2種類があり、どちら

か一方のみ利用可能です（子ども名義で投資をする「ジュニアNISA」も
ありますが、ここでは割愛します）。

　NISAは非課税で運用できる期間がそれぞれ決まっています。一般
NISAは5年、つみたてNISAは20年です。通常運用で得られた利益に対
しては20%（復興増税を入れると20.315%）の税金が引かれますが、これ
が引かれないのですから、とても大きなメリットです。いずれも長期の資
産形成を応援する国の支援策です。
　2つのNISAにはそれぞれ非課税で運用できる期間が設けられてはいま
すが、実際の運用期間に制限があるわけではなく、いつでも投資商品を売
却して資金を引き出すことができます。

　一方、確定拠出年金の積立可能な期間は加入者が60歳になるまでです
が（企業型は65歳まで可）、運用は70歳まで継続可能なので、仮に20歳
から始めると**最大50年間運用益にかかる税金を全く払うことなく資産形
成ができる**というわけです。
　税制メリットが大きい反面、iDeCoには資金の引き出し制限があり、60
歳までは、確定拠出年金の口座の中から資金を引き出すことができません
（2022年より、運用可能期間は75歳まで拡大されます）。

5 受取時の税制メリット

3種類の受取方法

　確定拠出年金は加入者が60歳になると積立ができなくなり、代わりに「**老齢給付金**」として受取ができるようになります。

　老齢給付金は、**60歳から70歳までの10年間のうち、加入者本人の好きな時に受け取ることができます**。ただし、60歳までの加入期間が10年に満たない場合は、最大65歳まで受取が延長されてしまいますので、注意が必要です。

　受け取り方は3種類あり、全額一気に引き出す「**一括**」、少しずつ年金のように受け取る「**分割**」、一部を一括で、残りは分割して受け取る「**併用**」が選べます。

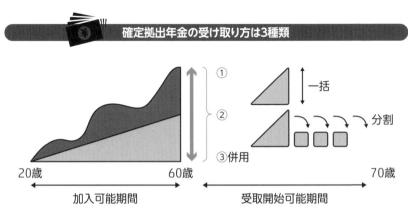

確定拠出年金の受け取り方は3種類

①　一括

②　分割

③併用

20歳　　　　　　　60歳　　　　　　　　　　　　70歳

加入可能期間　　　　　受取開始可能期間

　この受取については、企業型も個人型も同様の税制優遇が受けられます。**一括で受け取る場合は退職金扱いとなり**、**分割で受け取る場合は公的年金と同じ扱い**となります。ここから少し細かい話になりますが、お付き合いください。

　まず、退職金扱いとはどういうものか、お伝えします。

　多くの会社では、勤続年数に応じて退職金の額が決まったりします。会社から受け取るお金には所得税がかかりますから、当然退職金にも税金がかかります。

　この時退職金は、長年の勤続をねぎらう意味があるため、通常の給与より税金がかからないような調整がされています。それが「退職所得控除」と呼ばれるもので、勤続年数20年以内までについては1年あたり40万円、20年を超えると1年あたり70万円で控除額を計算します。

　例えば、退職金1,000万円の場合、勤続30年であれば控除が1,500万円と退職金より大きくなりますから、税金は全くかからず全額受取ができることになります（40万円×20年＋70万円＋10年）。

　勤続20年であれば、控除が800万円（40万円×20年）ですから、1,000万円との差額200万円が課税対象となります。

　しかし、ここからもまた税金の特典があります。200万円はさらに2分の1され、「**分離課税**」となります。

　したがって、このケースだと100万円にかかる所得税率は5％ですから、所得税は5万円、住民税の税率は10％ですから、10万円となります。

　分離課税とは、その他の所得と合算せずに税率が定められるという意味です。例えば、退職金の他に給与があっても合算せず、退職金のみで税金が計算されます。

　給与が高い人だと、その他の所得と合算されることでさらに高い税率がかけられることもあるので、「分離課税」はとても有利な仕組みなのです。

退職金

1,000万円 勤続20年	200万円		
	退職所得控除 800万円		

$\times \dfrac{1}{2} = 100万円$

	所得税		住民税
	～195万円以下	5%	
	～330万円以下	10%	
	～695万円以下	20%	
	～900万円以下	23%	10%
	～1,800万円以下	33%	
	～4,000万円以下	40%	
	～4,000万円超	45%	

加入期間が退職所得控除にカウントされる

　この退職金の話が、どう確定拠出年金とつながるのかと思った方もいらっしゃるかもしれません。

　確定拠出年金は、一括で受け取る際は**加入期間を勤続年数と読み換えて計算します**。

　通常、勤続年数は1つの会社に勤めた期間を指します。転職すると、勤続年数はリセットされます。しかし、確定拠出年金は、口座にお金を積み立てた期間をすべて「加入期間」とします。

　60歳までの間で、何度転職しても、会社の勤続年数のように年数がリセットされず、会社に勤めていなくても、積立を継続している期間は加入期間としてすべて累積されていきます。また、加入期間が1年未満の端数であっても、1年とカウントします。

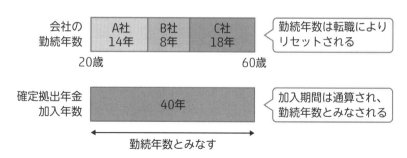

確定拠出年金の加入年数の考え方

| 会社の勤続年数 | A社 14年 | B社 8年 | C社 18年 | 勤続年数は転職によりリセットされる |

20歳　　　　　　　　　　60歳

| 確定拠出年金加入年数 | 40年 | 加入期間は通算され、勤続年数とみなされる |

勤続年数とみなす

　確定拠出年金は20歳から加入が可能なので、**最大40年、つまり2,200万円の退職所得控除が作れる可能性がある**ということです。転職が当たり前の時代となった今、確定拠出年金は、退職所得控除という税制優遇を最大限活用できる自分で作る退職金といった意味合いもあります。

分割で受け取る場合は、公的年金等控除

　60歳まで積み立てたお金を分割で引き出す時は、老齢基礎年金（国民年金）や老齢厚生年金と同様に、「**公的年金等控除**」が使えます。

　例えば、確定拠出年金の資産が300万円で、60歳から5年間で分割して受け取ると、毎年60万円ずつの分割となります。公的年金の受給は65歳からですから、60歳からの5年間は確定拠出年金60万円のみの収入となります。

　すると、表の「公的年金にかかる雑所得以外の所得にかかる合計所得金額が1,000万円以下」で、かつ65歳未満にあたるので、収入金額60万円までは所得金額ゼロとなります。つまり、60万円ずつ分割して受け取る確定拠出年金は、税金が引かれずに受け取ることになります。

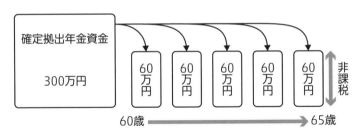

老後の備えとして民間の個人年金保険を利用される方も多いかと思いますが、こちらは受取の際、公的年金等控除は使えず雑所得となり、その他の所得と合算され、総合課税となります。

公的年金ごとにかかる雑所得の逆算表（令和2年分以降）

公的年金等にかかる雑所得以外の所得にかかる合計所得金額が**1,000万円以下**

年金を受け取る人の年齢	公的年金等の収入金額の合計額	割合	控除額
65歳未満	**（公的年金等の収入金額の合計額が600,000円までの場合は、所得金額はゼロとなります）**		
	600,001円から1,299,999円まで	100%	600,000円
	1,300,000円から4,099,999円まで	75%	275,000円
	4,100,000円から7,699,999円まで	85%	685,000円
	7,700,000円から9,999,999円まで	95%	1,455,000円
	10,000,000円以上	100%	1,955,000円
65歳以上	（公的年金等の収入金額の合計額が1,100,000円までの場合は、所得金額はゼロとなります）		
	1,100,001円から3,299,999円まで	100%	1,100,000円
	3,300,000円から4,099,999円まで	75%	275,000円
	4,100,000円から7,699,999円まで	85%	685,000円
	7,700,000円から9,999,999円まで	95%	1,455,000円
	10,000,000円以上	100%	1,955,000円

公的年金等にかかる雑所得以外の所得にかかる合計所得金額が**1,000万円超2,000万円以下**

年金を受け取る人の年齢	公的年金等の収入金額の合計額	割合	控除額
65歳未満	（公的年金等の収入金額の合計額が500,000円までの場合は、所得金額はゼロとなります）		
	500,001円から1,299,999円まで	100%	500,000円
	1,300,000円から4,099,999円まで	75%	175,000円
	4,100,000円から7,699,999円まで	85%	585,000円
	7,700,000円から9,999,999円まで	95%	1,355,000円

	10,000,000円以上	100%	1,855,000円
65歳以上	（公的年金等の収入金額の合計額が1,000,000円までの場合は、所得金額はゼロとなります）		
	1,000,001円から3,299,999円まで	100%	1,000,000円
	3,300,000円から4,099,999円まで	75%	175,000円
	4,100,000円から7,699,999円まで	85%	585,000円
	7,700,000円から9,999,999円まで	95%	1,355,000円
	10,000,000円以上	100%	1,855,000円

公的年金等にかかる雑所得以外の所得にかかる合計所得金額が**2,000万円超**			
年金を受け取る人の年齢	公的年金等の収入金額の合計額	割合	控除額
65歳未満	（公的年金等の収入金額の合計額が400,000円までの場合は、所得金額はゼロとなります）		
	400,001円から1,299,999円まで	100%	400,000円
	1,300,000円から4,099,999円まで	75%	75,000円
	4,100,000円から7,699,999円まで	85%	485,000円
	7,700,000円から9,999,999円まで	95%	1,255,000円
	10,000,000円以上	100%	1,755,000円
65歳以上	（公的年金等の収入金額の合計額が900,000円までの場合は、所得金額はゼロとなります）		
	900,001円から3,299,999円まで	100%	900,000円
	3,300,000円から4,099,999円まで	75%	75,000円
	4,100,000円から7,699,999円まで	85%	485,000円
	7,700,000円から9,999,999円まで	95%	1,255,000円
	10,000,000円以上	100%	1,755,000円

「うっかり課税」を防ぐ、確定拠出年金の上手な受け取り方

　確定拠出年金は、退職所得控除や公的年金等控除が使えるので、拠出時・運用時・受取時とすべてにおいて税金メリットが受けられる非常に有利な制度です。

　しかしながら、受取時については、確定拠出年金以外に退職一時金や公的年金などが絡んでくるため、「うっかり」課税されてしまうことがあるので注意が必要です。

　うっかり課税を防ぐためには、退職金にかかる税金の2つの特徴を理解しましょう。

　1つは、**同じ年に複数の退職金を受け取る場合、その額は合算され退職所得控除はそのうちどれか最も長い勤続年数を使う**というもの。

　もう1つは、**複数の退職金を違う年に受け取る場合は、5年以上間隔をあけないと、勤続年数の重複部分は退職所得控除に認めらない**というものです（ただし、確定拠出年金の受取が後になる場合は、15年の間隔が必要）。正しくはそれぞれ4年超、14年超の間隔ですが、退職所得控除は1カ月でも1年とカウントするため、わかりやすくするために、ここでは5年、15年と覚えておいてください。

　次ページから、受け取り方による税金の違いについて理解を深めるために、3つの事例でご説明します。

　これら3つの事例の他にも、さまざまなパターンが考えられます。

　特に経営者の方だと、会社からの退職金や小規模企業共済、公的年金の受け取り方など含め、税金メリットやキャッシュフローを考えながら、資金の受け取り方を考える必要があります。

　知らずに「うっかり」課税されてしまわないように、事前に専門家に相談されることをお勧めします。

事例A

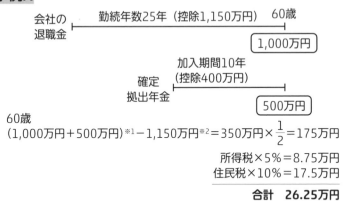

会社の
退職金 ├──── 勤続年数25年（控除1,150万円）─── 60歳

1,000万円

確定
拠出年金 ├── 加入期間10年（控除400万円）──┤

500万円

60歳
$(1{,}000万円+500万円)^{※1}-1{,}150万円^{※2}=350万円\times\dfrac{1}{2}=175万円$

所得税×5％＝8.75万円
住民税×10％＝17.5万円

合計　26.25万円

※1　同年複数退職金は合算される
※2　※1の条件の際は、退職所得控除は大きい額一方のみを利用

事例B

会社の
退職金 ├──── 勤続年数25年（控除1,150万円）─── 65歳

1,000万円

確定
拠出年金 ├── 加入期間10年（控除400万円）──┤ 5年※3

60歳

500万円

※3　受取時期が5年あくとそれぞれの退職所得控除が認められる

60歳　確定拠出年金　$500万円-400万円=100万円\times\dfrac{1}{2}=50万円$

所得税× 5％＝2.5万円
住民税×10％＝ 5万円

合計　　7.5万円

65歳　会社の退職金　$1{,}000万円-1{,}150万円=0$　課税されない

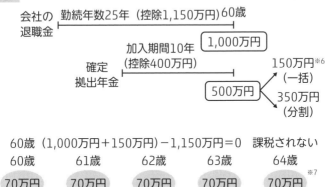

事例B'

```
会社の    勤続年数25年（控除1,150万円）60歳
退職金  ├─────────────────────────┤

                    加入期間10年
                  （控除400万円）   5年※4   65歳
            確定  ├─────────────┤┄┄┄┄┄┄┄┄┄┤
          拠出年金              待機
```

※4　確定拠出年金を後で受け取る場合は、15年あけないと重複期間の控除が認められず、
　　最低80万円の控除のみとなる

60歳　会社　1,000万円－1,150万円＝0　課税されない

65歳　確定拠出年金　500万円－80万円＝420万円×$\frac{1}{2}$＝210万円

　　　　　　　　　所得税×10％－9.75万円※5＝11.25万円
　　　　　　　　　住民税×10％　　　　＝　　21万円

　　　　　　　　　合計　　　　　　　　　32.25万円

※5　超過累進課税による所得195万円未満にかかる税金（所得税連算表より）

事例C

```
会社の    勤続年数25年（控除1,150万円）60歳
退職金  ├─────────────────────────┤

              加入期間10年   ┌─────────┐
            （控除400万円）  │1,000万円│
                           └─────────┘
          確定                          150万円※6
        拠出年金            ┌───────┐  ↗（一括）
                          │500万円│
                          └───────┘  ↘350万円
                                       （分割）
```

60歳（1,000万円＋150万円）－1,150万円＝0　課税されない

60歳	61歳	62歳	63歳	64歳※7
70万円	70万円	70万円	70万円	70万円

※6　確定拠出年金500万円のうち150万円は一括で、350万円は5年の分割で受け取る
※7　それぞれ公的年金等控除の対象となる

分割分　70万円－60万円（控除）＝10万円
→他の所得と合算され課税

運用指図者期間と自動移換期間の注意点

　確定拠出年金は、積立をお休みすることができる「**運用指図**」という仕組みがあります。

　企業型であれば、会社規約により休職期間中など掛金の拠出をしないという場合もありますし、iDeCoであれば、加入者本人の事情により掛金拠出が難しい場合など自ら運営管理機関に申し出て「**運用指図者**」となることもできます。iDeCo+は企業型のケース、iDeCoのケースのどちらも想定されます。

　確定拠出年金では、**積立をしている期間を「加入期間」、運用指図の期間を「運用指図期間」**と区別をしており、退職所得控除の勤続年数とカウントされるのは加入期間のみなので、注意が必要です。

　例えば、会社を辞めて求職期間中など収入がなくなったからといって、運用指図者の申請をする人も少なくありません。しかし、退職所得控除は長く加入することでさらに非課税枠が拡大するわけですから、ここは運用指図者とならずに、最低掛金5,000円に積立額を変更してでも、積立を継続した方が受取時に有利に働きます。

　また、転職等により、確定拠出年金の資産を次に持ち越す際、**6カ月**の制限時間に間に合わないと、その資産は国民年金基金連合会へ強制的に「**自動移換**」されてしまいます。

　自動移換中は、加入期間とみなされないため、退職所得控除の期間にも含まれません。

6 死亡時・障害時における 税制メリット

死亡給付金は「死亡退職金」扱い

　加入者が加入中に（資金を受け取る前に）亡くなると、その資産を死亡給付金として遺族が受け取ります。死亡の申し出を窓口となる金融機関が受理すると、それまで運用されていたお金はすべて現金化され、払い出しされます。

　この時、遺族は「**死亡退職金**」として、そのお金を受け取ります。これには、「**500万円×法定相続人の数**」という**非課税枠**が設定されています。

　例えば、夫、妻、子どもが2人といった家族で、確定拠出年金に加入していた夫が亡くなると、妻と子供2人が法定相続人となり、1,500万円ま

非課税枠となる法定相続人の例

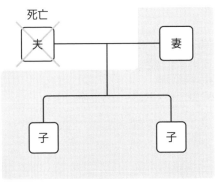

での資産については非課税で受け取ることができるという意味です。

　これとは別に、相続財産には非課税枠がありますから、ここでも税制上、有利な条件でお金が受け取れると理解していただければ結構です。

　なお、確定拠出年金の死亡給付金はあらかじめ受取人を指定することも可能です。

障害給付金は非課税

　加入中に障害1級または2級に相当する障害を負った場合、「**障害給付金」としてお金を引き出すことも可能**です。この場合は、全額非課税で受け取ります。

	3つの制度の税制優遇まとめ		
	企業型確定拠出年金	iDeCo	iDeCo＋
掛金を拠出する人	会社	個人	会社が個人に上乗せ
拠出時	全額損金計上 社会保険不算入	全額所得控除	事業主掛金は全額損金・社会保険不算入 個人拠出は全額所得控除
拠出可能年齢	65歳 （規約による）	60歳	60歳
運用時	利益に対する税金（20.315％）が70歳までかからない		
受取時	一括：加入期間を勤続年数と読み替えて退職所得控除 分割：公的年金等控除 併用：退職所得控除＋公的年金等控除		

COLUMN③
公的年金は本当に大丈夫なのか?

　公的年金は存続できるのか?　公的年金制度がなくなるのでないか?
と、公的年金に不安を感じるという方は少なくありません。

　そもそも公的年金制度が現在の形に整ったのは1961年、高度成長期
真っただ中です。当時の会社員の定年は55歳、男性の平均寿命は66歳
です。定年退職でまとまった額の退職金を受け取り、さらに年金もとなれ
ば、それなりに余裕のある暮らしができたのではないでしょうか。

　また、ベースアップ、定時昇給という言葉があったように、賃金は伸
び、人々の暮らしも豊かになり、さらに厚生年金基金の普及で企業年金も
手厚く準備されるような時代でした。当時、企業年金として多くの会社が
導入していた厚生年金基金は、公的年金と同様に終身保障ですから、今か
ら考えると夢のような時代です。

　しかし、それらもバブルの崩壊とともに崩れ落ちます。経済の落ち込み
は企業年金に悪影響を与えました。事業を継続させることも雇用を守るこ
とも難しくなった企業もありました。終身雇用がなくなると、当然ながら
退職金の金額も減ります。雇用形態が不安定になり給与の伸びが止まると
年金額も減少します。

　確かに、社会情勢の変化により年金制度を取り巻く環境も変わりました
が、ここでいきなり「年金制度崩壊」とはなりません。また、国としても
老後の暮らしに安心を与えることは、現役時代の消費を支えることにもな
るため、しっかりと制度を維持する必要もあります。そのため、国は少な
くとも5年に1回は「財政検証」を行ない、適切に年金財源が保たれてい
るのかを確認しています。

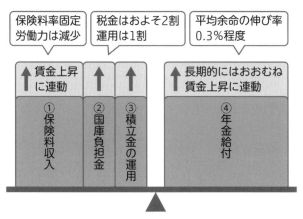

出所：厚生労働省「年金財政における経済前提に関する専門委員会」第4回配布資料（2018年3月9日）から抜粋

　年金財源の健全化は、収支を保つことで図られます。

　支出は年金の支給総額です。今後日本人の寿命が伸びることでますます年金の支給額が増えることを織り込みながら100年スパンで予測します。収入は、現役世代が納める保険料が7割、消費税を主とする国庫負担金が2割、年金積立金管理運用独立行政法人（GPIF）に委託し運用しているお金が1割という構成です。

　当然ながら、最も割合が多い保険料をいかに維持するかがポイントになります。この保険料は働く人から徴収をしますが、少子化に伴い働ける人数には限りがあります。一方で、働く人が納める保険料率については、これ以上は上げないとする法律が作られました。

　このような状況の中、年金収支バランスを保つために必要とされる対策が、主に以下の3つです。

①マクロ経済スライドの導入
②適用拡大の推進
③税制優遇を用いた資産形成

①マクロ経済スライドの導入

　日本の年金制度は「物価スライド制」を用いています。これは、老後という長い年月の中で、年金生活者が購買力を失わないように年金額を物価の上昇に合わせて変動させるという仕組みです。

　しかし、年金財源の健全性のために、物価スライドを適切な数値で抑制していこうという「マクロ経済スライド」が導入されました。いわば、世代を超えて痛み分けをしながら年金制度を維持していく試みです。

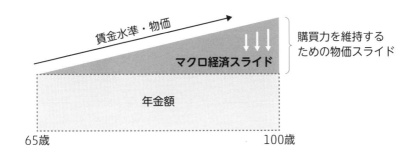

②適用拡大の推進

　これまでは年収 130 万円以上で働く人を厚生年金加入とするのが一般的でしたが、これを週 20 時間以上、月収 8.8 万円以上で働く人を厚生年金に加入させようとすることが「適用拡大」です。

　2016 年 10 月からは 501 人以上、2022 年 10 月には 101 人以上となり、2024 年 10 月には 51 人以上雇用する会社へと対象も広がっていきます。これにより、パート・アルバイトなど短時間労働者や働く高齢者にも厚生年金に加入してもらおうという狙いです。

　これは保険料収入を確保することにもつながりますが、厚生年金加入者に比べ、老後の年金が少ない国民年金加入者に少しでも将来の年金を増やしてあげようという狙いもあります。

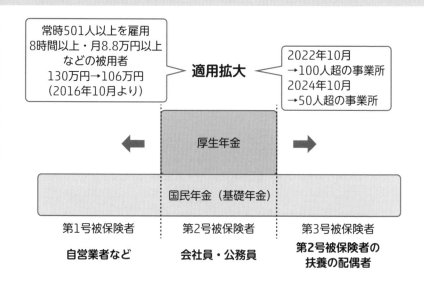

③税制優遇を用いた資産形成

　３つ目の対策が税制優遇を用いた資産形成の仕組みの拡充です。特に注目すべきは「最強の自分年金制度」といわれる確定拠出年金です。老後に備え積立をすると、税制優遇が受けられる仕組みです。

　共助と自助で自分の将来を守る、これが人生100年時代を生き抜く私たちが受け入れるべき姿です。

　確定拠出年金のように「税金が得する仕組み」のお話をすると、どうしても「どのくらい得するのか？」にばかり注目が集まる傾向にありますが、実は、最も大切なことは「なぜそれをしなければならないのか」という理由を自身で明確にすることです。

　確定拠出年金は長期で取り組む資産形成なので、足元だけを見て損得を判断してしまうと、本来の目的を見失ってしまう危険性もあります。

企業型DCとiDeCo+、どちらを導入すべき?

確定拠出年金には企業型 (DC) と個人型 (iDeCo、iDeCo+)、
2つの区分があります。
自分の会社の場合、どちらにすればよいのか、
どう活用していけばよいのか。
具体的な選択基準について、説明します。

1 企業型と個人型の費用対効果で比較する

経営者には3つの選択肢がある

　これまでご説明してきたように、確定拠出年金には、企業型と個人型の2つの区分があります。前者がDC、後者がiDeCo、さらに中小企業が導入できるオプションとしてiDeCo+ があります。

　通常、一般の方にはiDeCoという選択肢しかありません。勤め先が制度導入をしていなければ、企業型確定拠出年金（DC）もiDeCo+ も利用することができないからです。

　一方、経営者には3つの選択肢があります。自身の老後資金作りだけを考えてもよいですし、従業員の老後支援策を講じることも可能です。ぜひ、自社にとって最もメリットがある制度を導入していただきたいと思います。

　第4章では、企業型と個人型、どちらがよいのか具体的な選択基準についてご説明していきます。

老後資金の金額で比較する

　確定拠出年金の目的は老後資金作りですから、そもそも制度によって老後資金にどのくらいの違いが出るのかを比較しましょう。ここでは、運用メリットはプラスアルファとして、積立元本のみを比較します。

　企業型DCは法律上、**月5万5,000円まで拠出が可能です**（DB併用の

場合は2万7,500円）。一方、個人型のiDeCoは、第2号被保険者（厚生年金加入者）の場合、**月2万3,000円まで拠出可能です。**

比較するために40歳の経営者（厚生年金加入）を例に考えます。

企業型は65歳まで拠出が可能、個人型は60歳まで拠出が可能という現行の制度で比較します。2022年から、それぞれ5年ずつ拠出可能期間が拡大することは合わせてご承知置きください。

企業型と個人型・老後資金の比較

	企業型	個人型
月の掛金上限	55,000円	23,000円
税制メリット	会社の損金として拠出	全額所得控除
積立可能な年齢上限	65歳 （2022年より70歳まで可能に）	60歳 （2022年より65歳まで可能に）
40歳から始めた場合の積立額	1,650万円	552万円

ごく簡単な比較ではありますが、作ることのできる老後資金にはかなりの金額の差があることがわかります。

では、老後資金を作りながら、同時に税金がどのくらい圧縮されるのかを見ていきましょう。

企業型は事業主掛金が直接加入者の確定拠出年金口座に入金されますので、加入者に税の還付があるわけではありません。一方、個人型はいったん受け取った給与の中から掛金を拠出し、税の還付を受けます。仮に課税所得300万円であれば、所得税率は10％、住民税は10％、合計20％の節税効果となります。

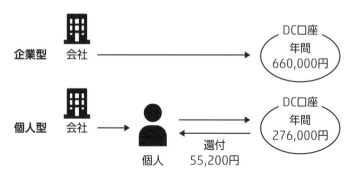

個人型は税の還付を受ける

企業型　会社 →　DC口座　年間　660,000円

個人型　会社 → 個人 →　DC口座　年間　276,000円
　　　　　　　　　　　還付　55,200円

　次に、会社としての資金の流れと税の圧縮効果を見ていきましょう。

　企業型の事業主拠出を月5万5,000円とすると、これは役員報酬とは別に、経営者個人の確定拠出年金口座に支払われます。

　会社としては、この掛金は役員報酬同様、全額損金計上です。役員報酬の場合は法定福利費（社会保険料の会社負担分）の支払いが発生しますが、確定拠出年金の掛金は社会保険料算定不算入です。法人税率は中小企業の所得800万円以下という仮定のもと、15％で計算します。

　個人型の掛金は役員報酬の中から、経営者本人が拠出します。会社から見れば、この掛金分は経費ですが、そこに法定福利費の支払いが発生します。ここでは確定拠出年金の費用の入りと出をわかりやすくするために、月2万3,000円を役員報酬として拠出したことによる税の圧縮効果、さらに、そこから法定福利費を差し引いて考えます。

　もちろん、掛金の拠出が可能かどうかの議論はありますが、仮に最高額の掛金の拠出を継続できる人であれば、やはり企業型のメリットは大きいと考えます。

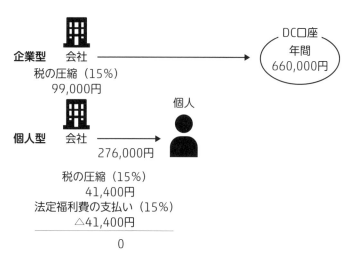

企業型と個人型の税の圧縮効果

企業型　会社　────────────▶　DC口座
年間
660,000円

税の圧縮（15%）
99,000円

個人

個人型　会社　────────▶
276,000円

税の圧縮（15%）
41,400円
法定福利費の支払い（15%）
△41,400円
────────────
0

負担する費用の比較

　著者は一人法人ですが、確定拠出年金は企業型にしています。企業型は個人型に比べてコストがかかるのですが、費用対効果で考えると十分ペイできると考えました。このあたりは事業所によって判断も変わるでしょう。

　次ページで提示するコストは、実際依頼する運営管理機関や事業規模により異なるので、参考としてください。また、個人型の費用は、情報開示されている運営管理機関の最も安いところを利用した場合としています。

　企業型確定拠出年金は企業年金ですから、厚生労働省への手続き関連が発生します。それを金融機関にお願いするプロセスがありますから、導入費用は、10万円以上は必要でしょう。ランニングコストについても、事業所として負担する費用があります。ここはある程度、加入人数が見込める会社のほうが、負担が軽くて済みます。

	企業型 （加入者1名として）	個人型
導入費用	120,000円 1事業所として	2,829円
口座開設費用	3,000円 加入者1人あたり	
制度導入にあたり 研修費用	100,000円／回 2回実施	
初期費用合計	323,000円	2,829円
月々の費用	5,000円 1事業所として	171円 最安値の運営管理機関利用
加入者手数料	300円 加入者1人あたり	
事務費用	300円	
月々の維持費用	5,600円	171円

　また、従業員研修にも費用もかかります。こちらは、金融機関によって
は無料で行なうところもあるようですから、今後導入を検討する際には、
あわせて確認されるとよいでしょう。もちろん、内容も満足のいくものが
提供されるのかどうかもチェックが必要です。

　一方、個人型は、費用はほとんどかかりません。窓口となる金融機関
（運営管理機関）にかかる費用はまちまちですが、それでも企業型と比べ
たら特に気になるほどのものではないでしょう。

　ちなみに、**個人型の費用は掛金から差し引かれますが、企業型の費用は
加入者の掛金から差し引かれるのではなく、別途会社が負担します。**

　そのため、企業型は掛金全額が加入者の資産になりますが、個人型は費
用を指し引いた金額のみが将来の資産として運用に回ります。

2 企業型と個人型の
導入プロセスを比較する①企業型

企業型確定拠出年金導入の流れ

企業型確定拠出年金を導入する際のプロセスは、以下の通りです。

● 運営管理機関を決める

最初に「運営管理機関」を決める必要があります。

企業型確定拠出年金は厚生年金加入事業所であれば、事業規模にかかわらず導入が可能なのですが、実際は従業員50名以上とか100名以上でないと対応しないという金融機関が多いのが実情です。まずは取引のある金融機関に、企業型確定拠出年金の導入をしたい旨を打診してみてください。

取引金融機関に企業型確定拠出年金の導入対応可能と言われても、複数の運営管理機関に費用面とサービス、運用商品について相見積もりを依頼し、比較検討されることをお勧めします。

大企業の場合、企業型確定拠出年金を導入するまで1年以上時間をかけることも少なくありません。なぜならば、「**規約型**」といって、どんな運用商品を選ぶのか、掛金はどうするのか、既存の制度（退職一時金や確定給付企業年金）からの移行をどうするのかなど決めごとが多く、労使協議にも時間がかかるからです。

一方、中小企業の場合、規約をそれぞれの会社が作るのではなく、「**総合型**」として導入するのが一般的です。総合型とは、個々の会社が運用商品等を個別に決めるのではなく、あらかじめ運営管理機関が運用商品や提

企業内部での動き

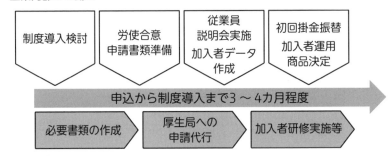

制度導入検討

労使合意
申請書類準備

従業員
説明会実施
加入者データ
作成

初回掛金振替
加入者運用
商品決定

申込から制度導入まで3〜4カ月程度

必要書類の作成

厚生局への
申請代行

加入者
研修実施等

書類関連

供するサービスなどを決めてパッケージ化し、厚生労働省に認可を取っている仕組みの中に、追加登録するものです。自由度は多少制限されますが、おおよそ3カ月から4カ月程度で導入ができますし、既製品ですからコストが抑えられるというメリットがあります。

● 必要書類を作成・提出する

　総合型なら枠組みができているので、会社として決めるのは掛金をどうするのかと導入スケジュール、そして制度導入についての労使合意です。

　その後は、就業規則等の提出、厚生年金保険料の領収書と登記簿謄本の準備、運営管理機関が準備する書類への捺印となります。書類作成と申請については、通常、運営管理機関が細かくサポートしてくれるので、それほどの負担はないでしょう。

　整えられた書類は厚生労働省へ提出されます。同時に、会社としては従業員向けの周知として就業規則の整備や、制度説明会などの準備を進めていきます。また、運営管理機関に対して加入者データを提出する事務処理が発生します。

3 企業型と個人型の 導入プロセスを比較する②個人型

iDeCo導入の流れ

　iDeCo の最初のステップは、運営管理機関を決め、iDeCo の口座を開設することから始まります。ただし、企業型と異なり、個人型の運営管理機関の情報はネットで開示されていますので、どんな金融商品が選べるのか、サービスはどうか、手数料はどうかなど、あらかじめ比較検討することが可能です。

　運営管理機関が決まったら、そのウェブサイトより口座開設の申込書を作成します。ここも、以前は資料請求をして、書類が郵送で届くのを待って……と時間がかかっていましたが、最近はオンライン化が進み、ほぼすべての手続きをネットで完了できるようになりました。

　必要な情報は、基礎年金番号、住所、生年月日などで、運転免許証などの提出も求められます。これらも基本的にはデータの送付で完結できます。

　会社員の場合、事業主より証明をもらう書類が1枚ありますので、それを各運営管理機関のウェブサイトからダウンロードして事業所に提出します。この書類は、その会社の登録番号、企業年金の有無などを確認するとても大切なものです。

　この証明書が本人に戻ってくると、掛金上限額や掛金の拠出方法が確認できます。すなわちお勤め先に企業年金がなければ、掛金は23,000円が上

限ですし、お勤め先に給与天引きの準備が整っていなければ、拠出は個人払込となり口座振替ですから、個人が指定する口座情報の記入が必要となります。

その書類がそろったところで書類の提出は完了です。ここも書類を写真に撮ってデータで送信すればOKなどと、ずいぶん手続きが便利になってきました。

もしなにか分からないことがあれば、運営管理機関のコールセンターに問い合わせをします。最近は簡単な質問であればチャットボックスでAIが対応するというところも増えてきました。

しばらくすると口座が開設され、掛金の口座振替も始まります。その間、加入者は自分のマイページで運用商品を決定します。あとは、定期的にお金が積み立てられ、資産運用が継続していきます。

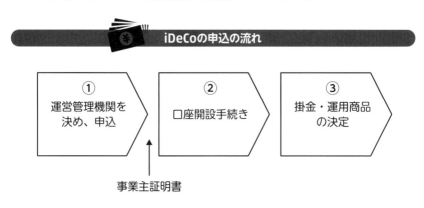

4　企業型と個人型の存在意義を比較する

企業型確定拠出年金の会社責任

　企業型確定拠出年金は、企業年金の一種であり、会社としての責任があります。例えば、従業員の老後の資産形成のための環境整備とそのサポートが挙げられます。

　先ほど、複数の運営管理機関を導入前に比較検討したほうがよいと申し上げたのも、**運営管理機関選びは会社の責任**だからです。会社は、従業員が不利益を被らないように十分な情報を得たうえで、運営管理機関を選ばなければなりません。従業員が選べる運用商品は運営管理機関が提供するものに限られますから、質のよい運用商品が適切な数で提供される必要があるのです。

　また、従業員が運用をするうえで必要となる情報、例えば運用商品の詳しい説明や、運用に伴う手続きなどは運営管理機関が提供するウェブサイトを通じて行ないます。あるいは、コールセンターがサポートします。

　このサービスも運営管理機関によって異なるため、会社は導入時に複数の運営管理機関を比較して、よりよいところと契約を結ぶ必要があります。

　さらに企業型確定拠出年金においては、会社が従業員に対し適切な投資教育を行なうことが努力義務とされています。努力義務には、特にペナルティなどありませんが、それでも無視ができない会社の責任範囲です。

　では、投資教育とはどのような内容のものなのでしょうか？　通常は運

営管理機関が提供する内容をそのまま実施する会社が多いようです。主に運用商品の概要や選び方といった、文字通り「投資」に関する集合研修、あるいはeラーニングなどを利用して学んでいます。

　また、著者のようなファイナンシャルプランナー（FP）に教育を依頼される会社も少なくありません。FPの場合は、守備範囲が広く、公的年金を踏まえた老後の資金計画について、金融商品全般に関する基本的な知識の習得、生涯の生活設計（ライフプランの構築）などをテーマにすることが多いです。

　投資教育というと「お金を儲けるための研修」と思われるかもしれませんが、むしろどういう人生を歩みたいのかといった本質についての学びが重視されています。

　会社としては、教育の場を提供する時間コスト、講師を依頼する費用、研修実績の記録（誰がいつどのような研修を受けたのかという記録）などの負担はありますが、単に努力義務だからという意識ではなく、大事な従業員の教育に対する必要経費と考えるとよいでしょう。

　企業型の場合、特に従業員が転職をする際に、確定拠出年金の手続きはどうするのかをしっかり伝える必要があります。なぜならば、**企業型の加入資格を失うと、全運用商品を解約・現金化し、次の受け皿へ資産移換をしなければならなくなる**からです。

　さらに、資産移換ができる6カ月という時間制限に間に合わず、国民年金基金連合会へ自動移換されてしまうこともあります。

　企業年金である企業型確定拠出年金は、人材募集の際には大きなメリットとなります。今や大企業では当たり前に導入されている確定拠出年金ですから、この制度があるということは福利厚生が充実している会社だということになります。

　最近は、将来不安から、福利厚生が充実している会社に人が集まると言

われています。企業型確定拠出年金の導入は会社にとっても、従業員に
とっても大きなメリットです。

個人型はすべてが自己責任

iDeCo 加入者に対し、投資に関する情報を提供するのは、運営管理機関
です。

一般的には、コールセンターで加入者のマイページ利用時のサポートや
ウェブサイトを利用して運用商品に関連する情報を発信しています。加入
者はそのような情報を、自己責任のもと学んでいきます。

そもそも確定拠出年金は自分の老後資金ですから、自らが学び、自らの
意思で運用するものだと考えればそれでよいのでしょうが、毎日忙しい従
業員が自ら時間を割いて自発的に学べるのかというと、なかなか難しいも
のです。会社が教育の場を設けてくれるのか否かで、情報の格差が拡大す
るのではないか、学びが浅いがために十分な資金準備ができない人も出て
くるのではないかといった懸念の声も聞かれます。

個人型の最大のメリットは、**転職しても資産移換をせずに資産運用が継
続できる**という点です。以前は、iDeCo 加入者が企業型 DC がある会社に
転職すると、iDeCo をやめて企業型に資産を移さなければなりませんでし
たが、それも改正され iDeCo をそのまま保有することができるようになり
ました。

保有できるということは、投資資産の売却が不要ということです。転職
というタイミングで投資商品を売却すると、場合によっては損失を被るこ
とになり得るので、保有が継続できることはメリットです。

5 iDeCo+という 新たな選択肢

iDeCo+の費用対効果

　経営者の多くは、従業員の老後の支援策として導入するのは、個人型より企業型のほうがメリットが大きいとおっしゃいます。

　制度導入を機に、従業員研修もしっかり行ない、掛金拠出という会社からの支援とマネーリテラシー向上により、従業員のモチベーションアップを図る会社も増えてきました。

　一方、運営管理機関があまり積極的に情報提供をしておらず、企業型の制度そのものの知識がないとか、あったとしても、会社としての導入時及び月々の費用負担、教育の義務、加入者の範囲が広いことによる掛金の負担が気になって、企業型導入に踏み切れないという会社もあります。

　そういう事情も、厚生労働省は理解したのでしょう。中小企業の経営者が費用を気にせず、従業員の老後支援に乗り出せるように新しく導入された制度が中小事業主掛金納付制度、iDeCo+ です。

　iDeCo+ は、あくまでも iDeCo ですので、作れる老後資金は月 2 万 3,000 円の掛金が上限です。また、そのうち**会社が出せる事業主掛金は 1,000 円から 2 万 2,000 円**と決まっています。

　会社が拠出する掛金は企業型確定拠出年金同様、**会社の損金計上が可能**です。法定福利費の負担も不要なので、給与を増やすより会社の経済的負担は少なくて済みます。従業員への福利厚生を拡充しながら、法人税の圧縮につながるのもうれしい点でしょう。

iDeCo+ には、制度導入費用や月々の費用は存在しません。なぜなら
ば、それら費用はすべて iDeCo 加入者本人が負担するからです。会社とし
て負担する金額は、掛金のみです。

iDeCo+の導入プロセス

会社として iDeCo+ を導入することを決めたら、**必要な書類を国民年金
基金連合会に提出**します。これが iDeCo+ を導入する際のプロセスです。

iDeCo+ は、あくまでも iDeCo をしている従業員に掛金をアドオンする
制度なので、運営管理機関を決めるというプロセスは必要ありません。

制度導入に際し労使で決めることは、掛金をいくら出すのかです。それ
さえしっかり決めたら、「iDeCo 公式サイト」にある、iDeCo+ 導入に必要
な書類を順番にダウンロードして国民年金基金連合会に提出します。書類
受理から 2 カ月から 3 カ月程度で制度を開始することができます。

書類が複数あり、記入方法がわかりにくいという声もありますが、
「iDeCo 公式サイト」では記入例なども丁寧に準備されていますので、参
考にするとよいでしょう。

 導入後に必要な届出

☑ **年1回、現況届を提出**
制度開始後も、毎年1回、「iDeCo +」の実施要件を満たしているかを確認す
るために、現況届（「中小事業主の資格に関する現況について」省令様式第10
号）を国民年金基金連合会に提出します。

☑ **その他、所定の届出が必要な場合**
■拠出対象者の氏名等の変更　■事業主掛金の拠出のタイミングの変更
■拠出対象者の増減　■拠出対象者の事業主掛金の額の変更　　など

また、事業主掛金額の決定や、拠出対象者の資格に関する同意書、社内規則の整備用として就業規則に追加する規程案なども掲載されています。

iDeCo+の責任と意義

　iDeCo+ には、**会社に教育の義務はありません**。あくまでも iDeCo の運用は自己責任ですから、加入者本人の学びに任せるものです。

　また、従業員が iDeCo をするかどうか、どこの運営管理機関にするのか、どの運用商品を選ぶのかについても、会社として責任を負うところはありません。iDeCo+ に関して言えば、iDeCo 加入者に対し、会社として掛金を一部援助してあげることで、責任はすべて終了します。

　iDeCo+ のユニークな点は、iDeCo に加入している従業員のみが事業主掛金の対象者であることです。一般的には、すべての従業員が等しくメリットを受けられる制度を福利厚生とみなし、経費算入を認めるのですが、iDeCo 加入者のみと限定的にしてもなお福利厚生として認めたこの制度は、とても画期的です。

　考えてみれば、iDeCo に加入すると事業主が一部資金を援助してくれるのだとわかれば、これがきっかけでiDeCoに加入しようと思う人もおそらく少なくはないでしょう。

　老後資金準備の自助努力として、まずは企業に協力してもらい、多くの人に資産形成をスタートしてもらおうという国の思惑もあるのでしょう。公的年金の主幹である厚生労働省が旗振りをするところも、切迫した事情が見え隠れするようです。

　中小企業の悩みのひとつには人材の定着もあるでしょう。iDeCo+ は退職金制度とは言えないものの、「中小事業主掛金納付制度」という立派な福利厚生制度ですから、求人の際には大きな魅力のひとつになります。

　仮に従業員が会社を辞める際にも、iDeCo+ は手離れがよいというのも特徴です。企業型 DC のように、従業員が自分の資産を iDeCo なり企業型なり次の制度に移換せずとも、自身の iDeCo をそのまま保有することが可能だからです。

　会社としては、その従業員が退職して iDeCo+ の対象から外れたことを国民年金基金連合会へ書面で知らせれば、それで手続きは完了です。

COLUMN④

自分の年金、いったいいくら？

　老後の生活設計のためには、公的年金（老齢基礎年金と老齢厚生年金）額をしっかり確認したうえで、健全なキャッシュフローを計画する必要があります。

　では、自分の年金がいくらなのかを知るには、どうしたらよいのでしょうか？　そんな時、役に立つのが毎年の誕生月に発行される「ねんきん定期便」です。ねんきん定期便は、50歳以上と50歳未満で見方が異なります。

　まずは、50歳以上のねんきん定期便のポイントからお伝えします。

　次ページが、ねんきん定期便のサンプルです。ねんきん定期便の「2」の欄で、これまでの年金加入履歴を確認します。特に気になるのは若い時から事業を興されたような経営者です。

　ねんきん定期便の「受給資格期間」（①）は60歳時点で120カ月以上になっていなければ、老齢年金の受給権がありません。起業間もない頃、収入が安定していないからと国民年金保険料の支払いを怠っていると、老齢年金の受給要件を満たさないケースもありますから、注意が必要です。

　万が一足りない場合は、すぐに年金事務所にご相談ください。60歳以降の任意加入、過去分の後払いができる場合があります。

　ねんきん定期便の「3．老齢年金の種類と見込み額」は、現状の給与と賞与がそのまま60歳まで継続したと仮定して計算された見込み額が記載されています（②）。今後年収に大きな変動がなければ、ここに記載された金額がほぼ確定で65歳から終身で受け取れる年金額となります。仮に、年収に変動があれば、翌年届くねんきん定期便にアップデートされま

令和３年度「ねんきん定期便」50歳以上（裏）

２．これまでの年金加入期間 （老齢年金の受け取りには、原則として１２０月以上の受給資格期間が必要です）

国民年金（a）			船員保険（c）	年金加入期間 合計 （未納月数を除く）	合算対象期間等	受給資格期間 ①
第１号被保険者 （未納月数を除く）	第３号被保険者	国民年金 計 （未納月数を除く）		（a＋b＋c）	（d）	（a＋b＋c＋d）
月	月	月	月			月

厚生年金保険（b）						
一般厚生年金	公務員厚生年金	私学共済厚生年金	厚生年金保険 計	月	月	月

３．老齢年金の種類と見込額（年額） （現在の加入条件が60歳まで継続すると仮定して見込額を計算しています）

受給開始年齢	歳〜	歳〜	③ 歳〜	歳〜
（1）基礎年金				老齢基礎年金 円
（2）厚生年金	特別支給の老齢厚生年金	特別支給の老齢厚生年金	特別支給の老齢厚生年金	老齢厚生年金
一般厚生年金期間		（報酬比例部分）　円	（報酬比例部分）　円	（報酬比例部分）　円
		（定額部分）　円	（定額部分）　円	（経過的加算部分）　円
公務員厚生年金期間	（報酬比例部分）　円	（報酬比例部分）　円	（報酬比例部分）　円	（報酬比例部分）　円
	（定額部分）　円	（定額部分）　円	（定額部分）　円	（経過的職域加算額（共済年金））　円
	（経過的職域加算額（共済年金））　円	（経過的職域加算額（共済年金））　円	（経過的職域加算額（共済年金））　円	
私学共済厚生年金期間	（報酬比例部分）　円	（報酬比例部分）　円	（報酬比例部分）　円	経過的加算部分　円
	（経過的職域加算額（共済年金））　円	（経過的職域加算額（共済年金））　円	（経過的職域加算額（共済年金））　円	（加算額）　円
（1）と（2）の合計	円	円	② 円	円

※一般厚生年金期間の報酬比例部分には、厚生年金基金の代行部分を含んでいます。
※年金見込額は今後の加入状況や経済動向などによって変わります。あくまで目安としてください。

「ねんきん定期便」の見方は、　ねんきん定期便　見方　検索

お客様のアクセスキー

※アクセスキーの有効期限は、本状到着後、３カ月です。

右のマークは
目の不自由な
方のための
音声コードです。

すので、そちらを改めてご確認ください。

　なお、右から２列目の「特別支給の老齢厚生年金」欄（③）に数字が記載されている方は、65歳より前に厚生年金が受け取れる方です。かつて厚生年金の支給開始は60歳でしたが、65歳に引き上げられたことによる経過措置です。男性は1961年４月１日生まれまで、女性は1966年４月１日生まれまでの方で、年金加入期間が10年以上あり、かつ厚生年金加入期間が１年以上ある場合が対象です。

　上記サンプルは50歳以上のねんきん定期便ですが、50歳未満の方は様式が異なり、年金見込み額の記載はありません。そのため、日本年金機構が運営する「ねんきんネット」（https://www.nenkin.go.jp/n_net/）で老後の年金額をシミュレーションされることをお勧めします。手軽に老齢年金を試算できるアプリもありますのでご活用ください（「LINE ねんきん

定期便試算」https://fpsdn.net/cpline01/）。

　経営者の中には、「死ぬまで働くから大丈夫」と、ご自身の将来設計に
無頓着な方もいらっしゃいます。しかし、これは非常に危険な考え方で
す。老いない人はいません。また、年齢を重ねるごとに、病気のリスクも
高まります。責任のあるお仕事をしていらっしゃる方であればこそ、将来
に備え、今どう行動すべきかを考えていただきたいと思います。
　人生設計も経営と同じです。経営であれば、今後の環境の変化などリス
クを想定しながらも、事業が継続するようさまざまな対策を取られるで
しょう。ご自身の人生においても同じなのです。

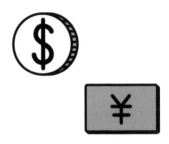

第 **5** 章

経営者の想いを形にする
事業主掛金の拠出方法

企業型DCとiDeCo+の事業主掛金は、
従業員の老後資金作りの大きな支援であり、
働く環境の改善にもつながります。
自社にとって最適な事業主掛金の拠出方法を
見つけましょう。

1 旧制度から企業型確定拠出年金に移行する場合の掛金

制度導入の目的を明確にする

企業型確定拠出年金の導入の目的は大きく2つに分けられます。

- 既存の退職金制度あるいは企業年金制度からの移行
- 新規福利厚生の拡充

　既存制度からの移行は、さまざまなステップを踏みます。おそらく中小企業の場合は、退職一時金からの移行を検討する場合が多いでしょうから、その例でご説明します。なお、ここで紹介するのはあくまでも一般的な例ですので、実際に制度移行を検討する際は、専門家の意見を聞きながら進めることをお勧めします。

　中小企業の場合、退職一時金の準備は、社内で引き当てをしている、あるいは生命保険で手当をしているという会社が多いようです。
　前者の場合、引当金は全額損金になりませんし、実際引き当てはしているけれど、お金の準備はできていないという会社も少なくありません。このような会社が企業型確定拠出年金を導入するメリットは、**掛金を全額損金計上できるので税制上のメリットが大きい**ことと、掛金を拠出することで会社の責任は終了しますので、**従業員退職時にお金が足りず困ったというような将来債務の問題がなくなる**ことです。
　一方、これまで会計上の処理であった退職金の準備金が、確定拠出年金

に移行することにより、現金の拠出となって発生します。また過去分も拠出しなければならないので、キャッシュフローをしっかりと見極める必要があります。

生命保険で準備している会社の場合は、昨今の利回りの低下を懸念しているのではないでしょうか？

損金計上が可能とはいえ、多くの場合保険料の半額のみですし、中には健康上の理由で保険加入ができない従業員もいたりして、管理が煩雑になったりすることもあります。

生命保険からの移行は、これまで保険料の支払いがあったわけですから、現金の準備は問題ありません。けれども、そもそもいくらの退職金を作るつもりで契約をしていたのか再考の必要はあるでしょう。なかには退職金規程を設けず、"なあなあ"になっていたという会社もあります。

確定拠出年金は、会社からの掛金が個人の口座に拠出されますから、より透明性が求められます。

いずれにしても、社内準備の退職金では、社員の財産権という意味でやはり不安がありました。退職金として、会社の金庫でお金を準備するわけですから、万が一、会社が倒産したら、従業員は退職金を手にすることができないといったことも考えられます。

実は、従業員側から見た確定拠出年金の最も重要な点は、「**財産権が守られていること**」でもあります。会社が拠出した掛金はその時点で従業員の資産で、会社はそれをいかなる理由であろうとも取り戻すことができません。従業員の権利を守るという点では非常に優れているのです（短期退職者に対する事業主返還制度の設定については後述します）。

退職一時金からの移行は、想定利回りと過去分の取り扱いに注意

　社内引当金にしろ、生命保険にしろ、退職一時金制度からの移行の注意点は、事業主掛金の設定と過去分の資金の取り扱いです。

　退職一時金から企業型確定拠出年金への移行の際は、もともとの退職金規程に準じて確定拠出年金の掛金を決定していきます。従業員にとって不利益変更にならないようにするためです。

　この時の事業主掛金は、目標となる退職金原資を想定利回りで割り引いて設定するのが通常です。仮に60歳時点で1,000万円の資金準備が必要な場合、想定利回り○％であれば、月の掛金は○円という形です。

　当然、想定利回りが高ければ掛金は少なくなり、想定利回りが低ければ掛金は多くなります。従業員側から見ると、想定利回りは自らが運用で得なければならない利回りと同じことです。運用が失敗すれば、本来受け取れるはずの資金が手に入りません。

　では、過去分の取り扱いはどうしたらよいのでしょうか？

　当然ながら、従業員それぞれに退職金積立金があるので、それを準備して企業型確定拠出年金のそれぞれの口座に入金する必要があります。その場合、**4年から8年の均等分割で資金移換**を行なうことが定められています。

　全額移換が終了する前に退職する社員がいれば、間に合うように資金準備をしなければならないので、資金計画は非常に重要です。場合によっては、相当大きなお金を準備しなければならなくなります。

　会社によっては、過去分の資金移換が難しいため、過去分は現行制度をそのまま残し、その条件で退職金を退職時に支払う（お金の準備は退職時に間に合わせる）、確定拠出年金の掛金は制度移行後のタイミングから拠

出していく、と新旧2つの制度を併用する会社もあります。

　退職一時金を中小企業退職金共済（中退共）で準備している場合も同様です。中退共は途中で中止することが難しいため、確定拠出年金と併用している会社も多くあります（途中でやめると、その時点で対象者には退職金として一時金が支払われてしまいます。受け取りの際は一時所得として扱われるため、退職所得控除が使えず課税されるケースも多く、退職金としての役割を果たせなくなります）。

2 新規で企業型確定拠出年金を導入する場合の掛金

　旧制度移行がなく、新規で確定拠出年金を導入する場合は、会社の福利厚生の拡充として導入されます。また、事業主掛金は人事制度の一環として決定されます。

　掛金は、「**定額で拠出**」「**定率で拠出**」「**併用する**」の3つのパターンから設定します。もちろん従業員個人で差別的な掛金となってはいけませんから、同じ勤続年数なら定額で、同じ役職なら役職ポイントの○％の定率で、といった形で決められます。

　上記のうち**定額の場合**は、「**勤続年数別、役職別、一律**」で設定することが多いようです。以下、説明していきます。

勤続年数で拠出する掛金を区分する場合

　勤続年数で事業主掛金を設定する場合は、**年数で区切ったテーブルを設けそこで掛金を設定**します。例えば入社3年までは月3,000円、3年超5年までは月5,000円といった形です。

　定年までにいくらの退職金を準備するのかを決め、逆算して決める会社も多いです。その場合、想定利回りを設定して掛金を決める場合もあります。

　企業型確定拠出年金の掛金は退職金の前払いといった位置付けですから、勤続3年未満で退職をした社員については「**事業主返還**」を設定することが可能です。これは、短期で退職した従業員に対して拠出した掛金を戻してもらう仕組みです。

　該当する社員の確定拠出年金の口座から、退職後に金融機関が資金を引き出し、会社に戻します。当然ながら、いったん受け取ったお金が引き出しされるわけですから、退職時のトラブルを避けるためにもきちんと制度説明をする必要があります。

　返還を求める金額は、会社の拠出額のみです。その資金を利用して運用利益が出ていた分はその従業員個人の財産です。あるいは、掛金を下回る残高になっている場合、ある分の資金のみの返還です。元従業員が別途資金を用立ててお金を返還する義務はありません。また、事業主返還は、必ずしも設定しなければいけないものではありません。

　確定拠出年金の場合、企業が拠出したお金を取り戻せる方法は事業主返還しかありません。拠出を受けた従業員の資産権が守られているからです。これは、仮に懲戒免職になったとしても同様です。

　勤続年数で掛金に差を設ける時は、カレンダー管理が重要です。入社日は人それぞれでしょうから、何日入社までは当月の拠出をするなどといった取り決めが必要です。

　毎年4月の年限で掛金を決定するなどとしてしまうと、従業員に不利益が生じますから、注意が必要です。

役職で拠出する掛金を区分する場合

　役職で掛金を設定する場合は、**人事制度がしっかりしていることが前提**です。社長の一声で新しい役職ができる、役職による役割がはっきりしていない、人事査定があいまいで、人事に対する潜在的な不満があるといった状況では、それに伴って掛金が連動してしまうと、従業員のさらなる不満となってしまうリスクがあります。

　一方、役職連動の掛金は、当然役職が上がると掛金が多くなるので、従業員のモチベーションアップに一役買います。昇格時期に合わせて掛金の

変更手続きもできるので、事務管理も簡素化できるでしょう。

　会社によっては、降格といったこともあるかもしれません。その場合、確定拠出年金の掛金も減額するのか、いつのタイミングでするのかなども決めておかないと後々トラブルになることもあります。勤続年数と異なり、役職は必ずしも上がるケースばかりではないので、注意が必要です。

対象者全員一律とする場合

　事業主掛金を一律とする会社もあります。従業員の老後の生活設計の支援金として「**ライフプラン手当**」などといった名称で拠出する会社もあります。従業員すべてに拠出するので、事務的な手間もかかりません。

　事業主掛金は、給与の上乗せとして拠出します。そのため手続きはできるだけシンプルにしたいという会社には向いています。

定率での設定例

　定率の場合、基本給の○%、役職ポイントの○%とする会社もあります。こちらも、人事評価がきちんと周知されているような場合はインセンティブになりますから、非常に有効です。

　ただし定率の場合、端数が発生する場合処理はどうするのか、あるいはその金額が掛金上限額を超えるケースは想定されるのか、その場合どうするのかといったところまで、あらかじめ定めておく必要があります。

3　掛金の受け取り方を選べるようにする「前払い退職金」

トラブルを未然に防ぐ説明や対応が必要

　企業型確定拠出年金の事業主掛金は、**同じ条件であれば、すべての従業員に等しく拠出しなければなりません**。例えば、正社員を加入対象とするのであれば、新入社員を除くとか、女性社員を除くといったことも当然できません。

　掛金を拠出すると、その従業員は確定拠出年金の加入者となります。加入者は、税制優遇を受けながら60歳までその掛金を運用します。これは逆に、60歳までは自由に引き出しができないお金です。従業員の中には会社からのプラスアルファの資金であるにもかかわらず、ありがた迷惑になってしまう人もいるという残念なケースもあります。

　過去の例であれば、定年前に会社を辞めたあと、確定拠出年金の加入資格を失い、かつ個人型としても続けられないケースがありました。退職して専業主婦となるようなケースが典型的な例です。なぜならば、2016年までは専業主婦（第3号被保険者）には個人型確定拠出年金の加入資格がなく、退職後の資産形成が継続できないというデメリットがあったからです。

　しかし、このケースについては2017年に改正が行なわれ、個人型確定拠出年金（iDeCo）への加入ができるようになりましたので、ここについては問題が解消されました。

　また、企業型確定拠出年金は「退職金」としての位置付けであるのです

が、退職金と同じように会社を辞めた時に受け取れるものだと誤解してしまう従業員も中にはいます。すると、**退職金なのに60歳まで引き出しができないのはおかしいとトラブルに発展してしまう**のです。

　注意するだけでは収まりきらないのが、**外国人の従業員**です。特に、母国に帰られるような場合であっても、確定拠出年金の資金は60歳まで引き出しができません。

　これについては2022年の改正で、外国人の場合、加入期間5年未満などといった条件を満たせば脱退一時金を受けられるように緩和の方向ですが、やはり条件は厳しいです。それだったら、確定拠出年金に加入しないほうがよかったとなることもあり得ます。

　事情はさまざまですが、せっかく導入した確定拠出年金に加入したくない、加入したくなかったという従業員が一定数いることは確かです。そのため、企業の掛金を「給与」として受け取る「前払い退職金」か、「確定拠出年金の掛金」として受け取るかを従業員に決めさせている会社もあります。前者は、通常の給与の増額となりますから、会社としては法定福利費の負担増になりますし、本人にとっても社会保険料の負担増、所得税・住民税の負担増となります。

　それでも、今、そのお金を使えるお金として受け取りたいという従業員の意向を尊重できるというメリットがあります。

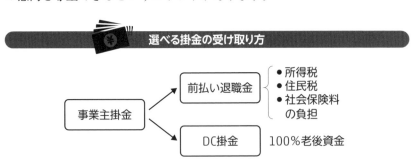

選べる掛金の受け取り方

4 従業員の自主性を重んじる 給与減額方式の「選択制」

　退職金制度を整備するよりも、今の従業員の貢献に対して報酬をしっかり支払いたいという方針の会社もあるでしょう。そういう場合、確定拠出年金を「財形貯蓄」のように、従業員が自主的に使える資産形成制度と位置付け、**給与減額方式の「選択制」**を取るところもあります。

　この場合、上乗せで事業主掛金を拠出せず、現行給与の中から、従業員が自由に掛金を拠出する環境を整える点がポイントです。

　まず、全従業員の給与の内訳を見直します。仮に基本給30万円であれば、基本給24万5,000円、ライフデザイン手当（名称は会社によって異なります）5万5,000円とするのです。新しい手当を創設しても、支払い報酬額の総額は変わりません（ライフデザイン手当の金額を役職や勤続年数等で、変えることもできます）。

　ライフザイン手当は、確定拠出年金の掛金とすることができる「枠」です。したがって、ここは企業型確定拠出年金の掛金上限である5万5,000円が最高額となります（他の企業年金がある場合は、2万7,500円）。

　ライフデザイン手当は、確定拠出年金の掛金としてもいいし、給与として受け取ってもいいものです。前項の「前払い退職金」と似たイメージです。

　確定拠出年金の掛金とする場合は、給与から切り離され、老後の備えとして確定拠出年金の口座で運用されます。もちろん、所得税や社会保険料はその金額に対してかかりません。給与として受け取る際は、通常の給与同様、課税されかつ社会保険料の算定対象となります。

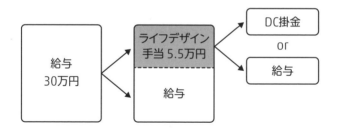

選べるライフデザイン手当

給与
30万円

ライフデザイン
手当 5.5万円

給与

DC掛金

or

給与

　給与減額方式の確定拠出年金の場合、**その掛金が給与から切り離され社会保険料算定から外れるので、社会保険料が下がります**（実際には掛金拠出後の等級によっては下がらないこともあります）。社会保険料が下がるということは、すなわち給付が下がることになります。

　例えば給与30万円であれば、30万円の標準報酬月額に対し、健康保険料、厚生年金保険料、雇用保険料が計算されます。仮に、病気やケガで働けなくなった場合、この標準報酬月額を元に傷病手当金が計算されます。

　これは病欠で給与が出ない場合の収入保障で、この場合1日あたり6,666円の手当が最長18カ月支給されます。出産手当金も同様の計算で産前42日、産後56日支給されます。雇用保険の育児休業手当、介護休業手当、失業手当もやはりこの標準報酬月額を元に計算されますし、老齢厚生年金もしかりです。

　では、この方が給与減額方式で掛金を3万円拠出したとしましょう。すると、社会保険の算定対象となる給与が3万円の個人掛金により27万円となりますから、当然社会保険料の支払いが少なくなります。

　ここではあくまで考え方をお伝えしたいため、ざっくりとした計算方法となりますが、社会保険料は会社も個人もそれぞれ給与の15％ですから、3万円の拠出により、それぞれ1カ月あたり4,500円の社会保険料の支払いが減ります。会社としても個人としてもそれぞれが年間5万4,000円ですから、かなり大きなお金の支払い負担が軽減されます。

124

　同時に、等級が変わることにより、傷病手当金は1日あたり6,000円と、666円の給付減になります。仮に18カ月療養が続くと、約36万円の手当を受け取り損ねることになります。出産手当金も計算は同様です。

　また、将来受け取る老齢厚生年金も影響を受けます。月3万円の拠出を20年継続すると、年間約4万円の老齢厚生年金が減ってしまいます。65歳から90歳までを受給期間とすると、100万円程度の公的年金の減少です。

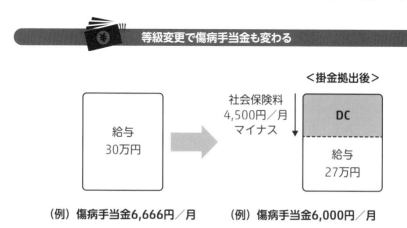

　このような社会保険給付の減少を軽減するために、最初から給与減額枠を5万5,000万円より小さい額に設定したり、傷病手当金のような健康保険からの給付は賞与額に連動しないことから、掛金拠出を給与からとせず賞与からとしている会社もあります。

　もちろん、確定拠出年金として運用できるので、税制メリットも受けられますから、給与減額方式の「選択制」確定拠出年金の存在意義はあります。しかし、公的保障の恩恵を削ってまで、あえて給与減額方式にするのか合理的な理由が求められますし、それによって社会保険給付はどのくらい下がるのかを十分周知徹底する必要があります。

事業主掛金とは別に、従業員自身が掛金を拠出する方法

> マッチング拠出

　老後に向けての資産形成の必要性が高まるにつれ、せっかく税制優遇がある仕組みである確定拠出年金なのだから、従業員個人も掛金を拠出できるようになったほうがよいという意見が聞かれるようになりました。それにより、2012 年に**マッチング拠出**の制度が整いました。

　これは、事業主掛金とは別に、従業員個人が自分の給与から掛金を確定拠出年金の口座に拠出ができる制度です。確定拠出年金の口座内では、運用益に対する税金は非課税ですし、受け取る際も税制上のメリットが受けられますからこれをもっと活用しようとしたのです。

　マッチする掛金は、iDeCo と同様でご本人の課税所得とはなりませんから、貯蓄をしながら節税ができます。会社としては、マッチング掛金を給

マッチング拠出の仕組み

資金の一元管理ができる

従業員のDC口座

事業主掛金　　マッチング拠出

¥　¥　給与

与天引きしておくと、窓口金融機関が指定日に事業主掛金と合計して振り替え、個人ごとの口座に入金してくれます。

　税金の手続きとしては、マッチング掛金に対し課税されないように、毎月の給与明細で課税所得から外す設定を行ないます。iDeCo+ の個人掛金の手続きと同様です。給与計算ソフトによって設定方法が違いますが、特に問題なくできるはずです。

　従業員から見ると、マッチング掛金は、企業型確定拠出年金の口座に自らの掛金を拠出しますから、**資金の一元管理が可能**です。また、会社が手続きをすべてしてくれますから、手間いらずです。

　しかし、マッチング拠出には1点、デメリットがあります。**マッチする個人掛金は事業主掛金を上回れない**という点です。仮に事業主掛金が1万円であれば、個人掛金はそれを上回ることができないのです。

　企業型確定拠出年金はその他企業年金がない場合、掛金の上限は5万5,000円と規程されていますが、マッチング拠出の場合、事業主掛金を個人掛金が上回ることができないため、この5万5,000円の枠を最大限活用することが難しい現状があります。

iDeCo併用

　マッチング拠出は、特に事業主拠出が少ない人にとっては魅力があまり感じられない制度です。これを受け、2017 年の制度改正で導入されたのが「**iDeCo 併用**」です。

　これは、事業主拠出とは別に月2万円を上限に従業員がiDeCoを利用できるという制度です。マッチング拠出は個人拠出額を超えてはいけないという制約がある一方で、iDeCo 併用は、2万円以内であれば個人拠出額が事業主拠出額を超えても掛金が出せるようになりました。より多く資産形成にお金を回したい人からすると、大きなメリットです。

この掛金はあくまでも iDeCo ですから、掛金は所得控除となり、基本的には個人口座からの振替を選べば年末調整での処理となります。

　年末近くになると「**小規模企業共済等掛金控除の証明書**」が届き、それで税の還付を受けます。

　iDeCo 併用が可能になると、その会社に入社する前から iDeCo に加入していたという方はそのまま継続することができるので、利便性が拡大します。資産の移換が不要なので、途中で資産を売却して移換するといった不便もありません。

　iDeCo 併用の場合、問題として想定されるのは、会社の確定拠出年金の口座と自分の iDeCo 口座の２つを併用するため、管理上は少し不便になることと、iDeCo の口座管理手数料など月数百円の負担が継続することです。しかしながら、マッチングとして会社の確定拠出年金の口座に個人資金も入れてしまうと、その会社を退職する際にすべての投資資産を売却し、改めて全資産を iDeCo ないし次の会社の企業型確定拠出年金に移換しなければならず、資産運用が多少なりとも中断してしまうデメリットがあります。

　この点、iDeCo の口座を別途保有できるということは、勤務先にかかわらず資産形成が継続できるので、メリットだと考えます。

　しかし、現状は iDeCo 併用がなかなか進んでいません。なぜならば、会社として iDeCo 併用を認めるかどうかを規約で定めなければならないからです。

　例えば、企業の拠出は１万円以下が半数というデータをお示ししましたが、なかには上限５万5,000円の拠出をしているケースもあります。iDeCo 併用を認めるとなると、事業主拠出の上限を全従業員３万5,000円以下に減額しなければならず、高額拠出をしている従業員に対しては代替えを考えなければなりません。

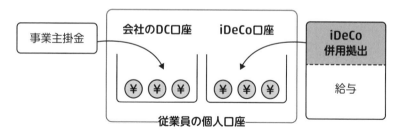

実際、減額分を給与の上乗せとして支給すると、課税所得になり不利益にならざるを得ず、iDeCo 併用自体を認める会社が少ないといわれています。

しかし、ここにも改正が入ります。2022 年からは、**会社の規約を変更することなく、従業員が自分の裁量で iDeCo 併用を選ぶことができる**ようになるのです。これは、マッチング拠出との選択肢としての利用も可能です。

例えば、事業主掛金が 1 万円の社員だとマッチング拠出の場合の個人拠出は 1 万円が上限ですが、iDeCo 併用を選べば 2 万円拠出できます。事業主掛金が 2 万円の社員はマッチングでも 2 万円、iDeCo 併用でも 2 万円ですから、その場合は運用商品のラインナップがより充実しているか、手数料の負担感はどうかなどを鑑みながら、どちらか選べるようになります。

企業型確定拠出年金の加入資格は 65 歳までですが、2022 年からは 70 歳まで拡大（会社の規約による）。iDeCo は 65 歳まで拡大（現在は 60 歳）します。企業型確定拠出年金導入の会社の社員はより多くの選択肢を持つことで、老後の資産形成のチャンスも拡大しています。

給与減額方式の「選択制」

　個人の掛金のもうひとつの選択肢が、前述した**給与減額方式の「選択制」**です。

　選択制とは前述した通り、従業員の給与の一部を掛金として拠出するものです。事業主掛金がある場合は、個人掛金の拠出できる枠「ライフデザイン手当」と合わせて5万5,000円以下とします。

　マッチング拠出と異なり、個人掛金は事業主掛金を上回っても問題ありません。また、iDeCo併用とも異なり、2万円といった上限設定もなく、単純に事業主掛金と個人掛金の合計が5万5,000円となります。

　この時の注意点は、前述した通り、個人掛金による社会保険給付の減額が発生することです。したがって、従業員によりしっかりと理解を求めなければなりません。

　個人の掛金を自分の給与から出すのであれば、マッチング拠出もiDeCo併用も給与減額方式の選択制も同じじゃないかと思う方がいらっしゃるかもしれませんが、それぞれのメリット・デメリットがありますので、しっかりとご理解ください。

個人掛金3つの制度の特徴まとめ

【マッチング拠出】　【iDeCo併用】　　【選択制】

A：事業主掛金	A：事業主掛金	A：事業主掛金
＋	＋	＋
B：個人掛金	C：個人掛金	D：個人掛金
↑	↑	↑
給与	給与	給与

	マッチング拠出	iDeCo併用	選択制
個人 掛金上限	企業拠出を 上回らないこと A＋B≦55,000円 A≧B	20,000円 A＋C≦55,000円 C≦20,000円	ライフデザイン 手当の額 （原則事業主掛金と合 わせて55,000円以内） A＋D≦55,000円 ※Dは社保算定外
掛金に 対する課税	なし	なし	なし
社会保険料	算定される	算定される	算定されない
口座および 手数料	会社の制度、 会社負担	個人のiDeCo、 個人負担	会社の制度、 会社負担

企業型確定拠出年金のお金の流れ

　企業型確定拠出年金の事業主掛金は、対象者への拠出額合計を会社の指定口座に準備しておけば、運営管理機関が毎月26日にその口座から引き落とし、さらに、加入者一人ひとりの口座に振替を行ないます。事業主掛金はそのまま掛金全額を損金として会計処理をします。

　事業主掛金の変更は、掛金設定のルールにのっとり、実行します。

　企業型確定拠出年金の個人掛金は原則、給与天引きです。マッチングとiDeCo併用の場合、iDeCoの処理と同様、給与で毎月源泉処理を行ないます。

　給与減額方式の選択制の場合、まずは給与からの切り離しが行なわれ、掛金に税金がかからないよう、社会保険料算定にならないように給与処理がされます。

　いずれにしろ、個人掛金も毎月26日に、事業主掛金と合算で運営管理機関により引き落としされます。

企業型確定拠出年金は運営管理機関が振替

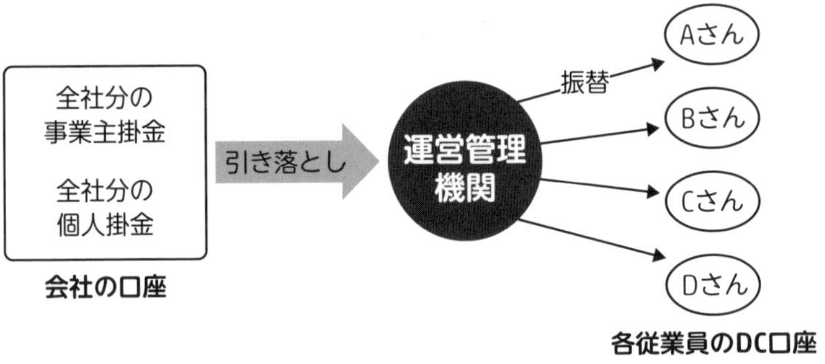

全社分の
事業主掛金

全社分の
個人掛金

会社の口座

→ 引き落とし →

運営管理
機関

振替 →

Aさん

Bさん

Cさん

Dさん

各従業員のDC口座

6 iDeCo+で会社が拠出する掛金の決め方

事業主掛金は1,000円から

iDeCo+ の事業主掛金は、全対象者に定額あるいは、勤続年数・職種ごとに 1,000 円から 2 万 2,000 円までで金額を設定します。

iDeCo を始める際の最低掛金は月 5,000 円ですから、**事業主の掛金が 1,000 円であれば、従業員は 4,000 円で iDeCo を始められる**ことになります。事業主掛金が 2 万 2,000 円であれば、満額が 2 万 3,000 円ですから、本人掛金は 1,000 円です。

例えば、事業主掛金が 5,000 円だったら、従業員は個人の掛金 0 円でも iDeCo ができるのかというとそうではありません。**従業員は最低でも 1,000 円は本人負担しなければならない**ルールです。

iDeCo+ をしたからといって、iDeCo の掛金上限が変わるわけではありませんが、全額自前のポケットからお金を積立てるのと、会社からお金を出してもらえるのとでは、やはりモチベーションが違います。

事業主掛金は、原則拠出対象者全員が同額になるように設定することになっていますが、一定の職種、一定の勤続期間、あるいは労働協約または就業規則、その他これらに準ずるものにおける給与及び退職金など労働条件が異なるといった合理的な理由がある場合においては、区分する資格ごとに設定できることになっています。

もちろん、同じ資格内において、事業主掛金が異なってはいけませんので、ご注意ください。

福利厚生の一環として全対象者一律

　iDeCo＋を福利厚生の一環として導入する際には、事業主掛金を一律とする会社もあります。例えば4,000円とか3,000円とか定額に定め、iDeCoに関心があった人がより加入しやすくする「仕掛け」を作ってあげるという意味合いです。

　iDeCoの最低掛金は5,000円ですが、その額がなかなか出せないという人もいます。それが事業主掛金のおかげで気軽に始めることができるとなると、喜ばれると思います。また、全対象者掛金一律の会社側のメリットは管理がしやすいことです。

長く働くインセンティブ、勤続年数区分

　事業主掛金を勤続年数で区分する会社もあります。この目的は、長く働いてもらいやすい環境の整備です。

　中小企業の場合、従業員の定着に頭を悩まされている会社様は多いものです。そこで、長く働いている従業員に対するインセンティブとするのが、**勤続年数での区分による事業主掛金**です。

　この場合の注意点は、入社日管理です。必ずしも新卒採用ばかりではない中小企業の場合、従業員の入社日はバラバラです。3月入社も5月入社もいます。これを「毎年9月の満勤続年数に応じて事業主掛金を見直す」というようなルールにしてしまうと、9月以外の入社者が不利益を被ってしまいます。

　入社月はしっかり管理して、掛金の支払い漏れ、変更漏れがないように注意しましょう。そのため、あまりにも細かい掛金設定はミスの元になりかねません。

　勤続年数で区分する場合、一定の勤続期間以上を拠出対象とすることも可能です。

　万が一、定着せず早期で退職しても、拠出した掛金の返金を求めることはできませんので、それをよしとしない場合は、勤続年数○年以上という設定を検討するとよいでしょう。

職種やその他資格で掛金を設定する

　iDeCo+ 事業主掛金の設定方法には、「職種」と「労働協約または就業規則その他これらに準ずるものにおける給与及び退職金等の労働条件が異なるなど合理的な理由がある場合」に応じた掛金を設定することも可能となっています。

　職種とは、一般職、営業職、研究職といったものを指します。給与及び退職金などの労働条件が異なるなど合理的な理由がある場合には、役職等が該当することも考えられます。

　ただし、これらの区分で掛金を設定する場合は、労働協約や就業規則の写しの提出も求められるため、きちんとした人事体制が整っていることが重要です。

事業主掛金のお金の流れ

　事業主掛金をいくらにするのか決まったら、今度は運営がスムーズにいくように社内ルールを決めていきます。なぜならば、iDeCo+ の場合、従業員の個人掛金は必ず給与天引きにしなければならないからです。

　iDeCo+ のお金の流れは以下となります。

①給料日に対象となる従業員の掛金を天引きする

②事業主掛金合計と個人掛金の合計を指定した会社の口座に準備する

③毎月指定日（26日）に国民年金基金連合会が掛金を指定口座から引き落とし、その後、従業員それぞれの確定拠出年金口座に振替する

　会社の役割は、お金の取りまとめです。iDeCo+ 導入の際に、従業員が加入しているiDeCoの運営管理機関がバラバラだと会社がそれぞれに振込をしなければならないのではないかと心配される方もいらっしゃいますが、その振替作業は国民年金基金連合会が行ないますから、会社が心配することではありません。

　むしろ気にするべき点は、個人掛金の振替及び事業主拠出が間違いなく、スムーズに行なわれるかどうかです。

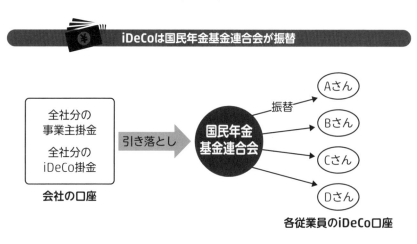

iDeCoは国民年金基金連合会が振替

| 全社分の事業主掛金　全社分のiDeCo掛金 |
| 会社の口座 |

引き落とし → 国民年金基金連合会 振替 → Aさん / Bさん / Cさん / Dさん

各従業員のiDeCo口座

　給与計算をしている方ならおわかりかと思いますが、給与計算の際には勤怠データや諸手当の変更、その他天引き項目などさまざまな手続きが発生します。

　個人の掛金は年に1回変更が可能ですから、運営管理機関への届け出だけではなく、忘れずに会社にも届け出をしてもらう必要があります。また、それによって、iDeCoの掛金上限額2万3,000円を上回ることがない

よう確認も必要です。

　実際、国民年金基金連合会が口座振替する金額は事前に通知があります
し、万が一掛金と口座振替金額に相違が生じた場合は返金または徴収処理
が行なわれますが、それでもできるだけミスのないよう申出スケジュール
を明確にするなどのルール決めは必要でしょう。

　給与天引きに関する社内ルール（諸手当変更の申し出は何日までにな
ど）があるでしょうから、それに準じて行なうのが基本です。

　従業員の個人掛金の金額もそうですが、**入社・退社の際に、何日締めで
iDeCo+ として処理するのかといったルールは決めておいたほうがよいで**
しょう。

　たとえば、15 日が給与計算の締め日なら、15 日までに入社した者で、
かつ iDeCo+ を希望する者については、翌々月支払い給与日より掛金を拠
出するなどです。

　また、国民年金基金連合会への書類提出も必要です。その際の締め切り
日も設定されているので、余裕を持った取り決めが安心です。

　個人掛金は、年単位で掛金上限が決められています。範囲内であれば、
例えばボーナス月には増額拠出するなどの設定も可能です。

　このような月別の掛金設定は事業主掛金も可能なのですが、そうなると
管理が少し複雑になってしまいます。労使の話し合いとなりますが、でき
る限りミスが起こらないように、掛金拠出のルールはシンプルに設計した
ほうがいいと考えます。

iDeCo+運営における注意事項

　もうひとつ整備しておかなければならないのが、**税金処理**です。

　事業主掛金については、確定拠出年金事業主掛金として損金処理をすれ
ばいいだけのですが、個人掛金は毎月の給与で源泉処理をしなければな

りません。

　具体的には、**月額給与から社会保険料、個人掛金を差し引いた金額を用いて、源泉徴収税額表に基づいて源泉徴収**してください。iDeCo+ の場合、年末の控除証明書が発行されないので、年末調整をしない代わりに、毎月の給与での源泉処理が重要になります。

　おそらく給与計算は外部に委託、あるいはソフトを用いて行なっている会社も多いかと思いますが、最初に設定をしっかり変えておかないと、途中で間違いを見つけることが難しくなってしまいます。iDeCo+ 導入の最初だけ、念には念を入れて確認を行なってください。

　事業主掛金及び個人掛金の天引きなど、社内ルールの労使合意が取れたら、就業規則などの社内規程も整備し、全従業員に周知徹底をします。

　なお、iDeCo+ を退職金と呼んでもいいのかというご質問を受けるのですが、これはやはり退職金とは呼べません。なぜならば、退職金であれば、全社員を対象に「退職」時に同じルールで資金が手渡されるべきで、iDeCo+ のように、iDeCo 加入者のみに掛金をアドオンする制度は退職金とはならないのです。

　しかしながら、退職金のような意味合いは十分持たせることができます。なぜならば、掛金拠出を受けた従業員は、自身の確定拠出年金マイページで「事業主掛金」が今いくらになっているのかを確認することができるからです。

　正直、会社の退職金制度が明示されていない、従業員に周知徹底されていない会社や、退職する時までその額や存在さえも知らないといった従業員が少なくないなか、常に会社からの掛金を認識できる iDeCo+ は退職金に準じる制度といえます。

　また、経営者からよく聞かれる質問で、iDeCo に加入していない社員に代替処置を取らなくてもいいのかというものがあります。

　そもそも中小事業主掛金納付制度では、拠出対象者は「iDeCoに加入している従業員のうち、事業主掛金を拠出されることに同意した加入者」と明示されており、かつ「iDeCoに加入していない従業員に対して、加入を強制したり事業主掛金のみを拠出したりすることはできません」とも記載されています。

　とはいえ、iDeCoに加入していない従業員への情報提供の徹底に努めるのはよいことです。現行、iDeCoは60歳までしか加入できず、また60歳までに10年以上の加入期間がなければ、受取も最長65歳まで延長されてしまいますから、50代後半の従業員が加入に躊躇される気持ちもわからないでもありません。

　しかし、2022年からiDeCoの加入年齢は65歳まで引き上げられます。そうなると50代の従業員にも十分iDeCoのメリットを感じてもらいやすいでしょう。

　60歳以降の加入は年金加入者であることが条件ですから、基本的には会社員として継続雇用されていることになります。定年延長や再雇用の拡充などと合わせて、iDeCo+を導入すれば、働く方のモチベーションアップにもつながるでしょう。

　iDeCo+導入を機に、従業員のみなさんへ、公的年金の話や自分自身で資産形成をしていく必要性や、iDeCoの税制メリットなどを丁寧に伝えていただければと思います。

COLUMN⑤

大企業との格差が広がる中小企業

　昭和40年代から始まった厚生年金基金は、かつての企業年金の代表格でした。厚生年金基金には、大企業が自社で作る「単独型」、グループで作る「連合型」、同業種で作る「総合型」の3種類がありました。

　厚生年金基金の積立不足が取りざたされてくると、単独型、連合型は早々に問題解決に乗り出しました。将来支払うべき年金債務が本業を脅かすほど膨らむのですから、年金を守るか雇用を守るのかの選択を迫られ、会社OBに支払う年金の減額、現役社員の将来の年金の減額という厳しい条件を従業員に飲ませることで、厚生年金基金をやめていきました。

　一方、いつまでも残ったのが総合型です。同業という条件はありますが、資本関係もない全く異なる事業所が集まって基金を作ったのですから、責任者も持ち回りの事なかれ主義で、将来債務という借金がどんどん膨らんでいくのを眺めるしかなかったのです。

　そこで起きたのがAIJ事件です。当時総合型の厚生年金基金は、予定利率5.5％の運用目標を達成できるわけもなく、ただただ積立不足を膨張させるだけでした。そこに問題意識を向ける経営者の方もいらっしゃいましたが、脱退するにも莫大な解約金が必要で躊躇せざるを得なかったのです。

　AIJ投資顧問は、運用のプロでもない総合型基金の役員に、言葉巧みに近づき、「運用を任せてくれれば積立不足も解消できる」などと持ちかけます。もちろん詐欺事件ですから、莫大な資金がこれで失われました。そこで国はやっと重い腰を上げ、厚生年金基金の整理に乗り出したのです。

　厚生年金から預かっているお金「代行部分」が返せる基金はまだましで、返せないところは分割ででも返すように指導があります。もちろん代行部分は厚生年金のお金ですから、これが返せないとなると、さらに問題

は深刻になります。

　今後、厚生年金基金の新規設立は認められず、国の指導のもと財務状況がよい基金のみが残るような流れになります。

　厚生年金基金の総合型には、従業員100人前後の会社も加入していましたから、当事者として厚生年金基金の積立不足問題に苦労された経営者の方、あるいはそうした経営者仲間を知っているという方もまだまだいらっしゃいます。

　また、中小企業であれば適格退職年金で懲りたという経営者も多いでしょう。こちらも1960年代に厚生年金基金よりももっと手軽に加入できるという立てつけで、主に小さい会社に好まれ利用されていた企業年金の一種です。基本的には厚生年金基金と同様の仕組みで、予定利率5.5％を設定しているところも多く、結果的に積立不足が発生し、廃止に追い込まれた制度です。

　もちろん、制度がなくなるというのは簡単なことではなく、加入企業は資金面でも手続き面でも困難が多々ありました。平成は昭和のツケの支払いの時代とよく言われますが、企業年金においても昭和のツケが大きくのしかかった時代でした。

　それらの不運な歴史もあってなのか、最近では退職金制度、企業年金制度を持たない会社も増えてきていると言われています。特に事業規模によってその状況は顕著です。次ページのグラフでわかるように、事業規模300人以下の会社で退職給付なしという回答が目立ちます。

　また、退職金制度があったとしてもその給付額は大企業と中小企業では大きな差があります。

　退職金の有無は特に法律で定められたものではありません。会社ごとに決めればよいことですから、ないからダメだということもありません。

　しかし、人生100年時代、老後の資産形成に関心が高まる中、企業もその責任の一端があるのではないか、というのが国の流れでもあります。

【退職給付制度の実施状況】

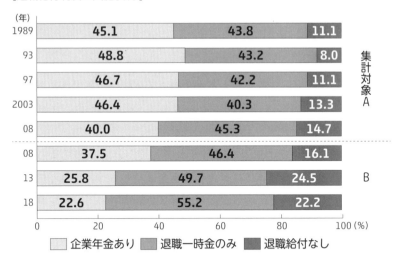

(年)

年	企業年金あり	退職一時金のみ	退職給付なし	集計対象
1989	45.1	43.8	11.1	A
93	48.8	43.2	8.0	A
97	46.7	42.2	11.1	A
2003	46.4	40.3	13.3	A
08	40.0	45.3	14.7	A
08	37.5	46.4	16.1	B
13	25.8	49.7	24.5	B
18	22.6	55.2	22.2	B

0　　20　　40　　60　　80　　100 (%)

☐ 企業年金あり　☐ 退職一時金のみ　■ 退職給付なし

注：1. 集計対象Aは本社の常用労働者30人以上の会社組織の民営企業、Bは常用労働者30人以上の会社組織の民営企業。
　　2. 1989年、93年、97年は12月末日現在、それ以降は1月1日現在の調査。

【企業規模別の退職給付制度の実施状況】

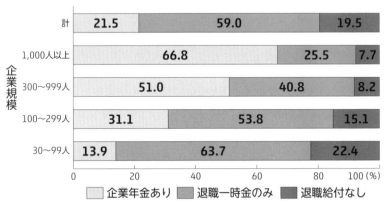

企業規模	企業年金あり	退職一時金のみ	退職給付なし
計	21.5	59.0	19.5
1,000人以上	66.8	25.5	7.7
300〜999人	51.0	40.8	8.2
100〜299人	31.1	53.8	15.1
30〜99人	13.9	63.7	22.4

0　　20　　40　　60　　80　　100 (%)

☐ 企業年金あり　☐ 退職一時金のみ　■ 退職給付なし

注：集計対象は、常用労働者30人以上の民営企業（医療法人、社会福祉法人、各種協同組合等の会社組織以外の法人を含む）で複合サービス事業を含む。

出所：厚生労働省「就労条件総合調査」（2008年、2018年）より、みずほ総合研究所作成

142

【企業規模別・定年退職した時の退職金（大卒・勤続35年以上）】

企業規模	退職金の平均額
1,000人以上	2,435万円
300〜999人	1,957万円
100〜299人	1,785万円
30〜99人	1,501万円
全体	2,173万円

出所：e-Stat『平成30年就労条件総合調査（学歴・職種、勤続年数階級、企業規模別定年退職者1人平均退職給付額）

第 6 章

こんなとき、どうする?
ケース別・確定拠出年金の実務ノウハウQ&A

企業型DC編

確定拠出年金は、日本では企業型を中心に
普及が進んできましたが、主に大企業を中心としたものでした。
企業型確定拠出年金は、資金の引き当てや
保険で準備する退職一時金や中退共等と比較しても
非常に有意義な仕組みなので、中小企業への普及が望まれます。
本章では、実際に運用していくうえで役立つQ&Aを紹介します。

1 他制度との比較に関する質問

Q1 退職金は保険で準備するより、確定拠出年金のほうがよいですか?

A 退職金の支払い財源を保険で準備している会社も多いです。しかし、それはあくまでも将来の支払いに備えて、お金を準備している「将来債務」です。確定拠出年金は、掛金として**「退職金を先払い」する**ことで**将来債務がなくなる**という大きなメリットがあります。

また、保険で準備する場合、全社員を対象としなければならないにもかかわらず入退社時の手続き管理がずさんになってしまったり、健康上の理由で保険に加入できない人の問題が出たりします。

近年では予定利率の低下により、保険でお金を準備することの魅力も薄れています。予定利率が低いからと、変額保険で資金準備をする会社もありますが、いざ退職金の支払い時に予定通りの運用ができずに、お金が準備できないというリスクもあります。その場合は、現金で補填しなければならず、会社としてはかなり負担でしょう。

もし、これから検討するのであれば、確定拠出年金のほうが財務的にも理にかなっています。

Q2 中退共と比較した時のメリットは?

A 中退共のメリットは、掛金を拠出すれば、それが損金計上となり退職した社員に自動的に支払われるので(定年時にかかわらず)、手

離れがよいという点、そして最初だけではありますが、**助成金が受けられ
る**という点です。

　一方、デメリットとしては、運用利回りが低下しており資金が増えない
こと、短期退職者については、会社として支払った金額より下回る金額し
か支払われず「払い損」となること、掛金の上限は月３万円で、会社に
よっては退職金準備として不十分であることが挙げられます。

　将来債務の有無でいえば、確定拠出年金同様、先払い方式の退職金とも
いえるので、同じように考えられる方もいらっしゃいますが、著者はやは
り確定拠出年金のほうがよいと考えます。

　まず、社員が自分自身で資産運用をすることにより、マネーリテラシー
も身につけられますし、自分自身の人生に対し、より積極的になれるとい
うポテンシャルがあります。また、資産の保全という意味でも、**確定拠出
年金は金融商品によってセーフティネットが確立されている**反面、中退共
は財務状況が芳しくないにもかかわらず、万が一の時のセーフティネット
に対する言及がありません。

　国の制度だから大丈夫なのだろうという考えかもしれませんが、それで
も公的年金ではありませんから、税金で補填することはないと考えると、
特にこれからの将来性は厳しいのではないかと考えます。

Q3 求人の際にメリットはありますか？

A かなりメリットになると考えます。まず確定拠出年金は、大企業で
は当たり前の制度であることが挙げられます。そのような制度を導
入していることは安心感につながるでしょう。

　中途採用者の場合は、前職で行なっていた企業型確定拠出年金の資金の
移換が必要です。もし、自社に企業型確定拠出年金があれば、**入社者は１
枚の書類を追加提出するだけ**で、前職の確定拠出年金の資金を自社の確定
拠出年金に移し替えることができ、その後の運用もスムーズにできます。

自社に企業型確定拠出年金がなければ、その社員は自身で個人型確定拠出年金（iDeCo）の口座開設を行ない、資金の移動をしなければなりません。実際、転職の忙しいさなかにこの手続きを行なう人は非常に少なく、6カ月という期限が過ぎ、国の機関に「自動移換」されてしまう人も多くいます。

　転職手続きをスムーズに行ない、安心して自社で活躍してもらうためにも、環境整備は重要です。

Q4 併用をすることで注意が必要な制度はありますか？

A 制度を併用して企業型確定拠出年金の掛金上限額が変わるのは、**確定給付企業年金（DB）と厚生年金基金の2つ**です。その場合、企業型確定拠出年金（DC）の掛金上限額は月2万7,500円となります。しかし、それ以外、例えば退職一時金制度、中退共などは、併用していても掛金額の上限が変更になることはありません。

Q5 既存の制度から確定拠出年金に移行は可能ですか？

A 既存の制度からの移行は可能です。おそらく既存の制度というと、①退職一時金からの移行、②確定給付企業年金（DB）からの移行、③厚生年金基金からの移行の3つのパターンかと思います。

　①退職一時金からの移行の場合のポイントは、過去分の取り扱いをどうするのかです。今後については、現金で掛金を準備し、それを確定拠出年金の掛金として振り替えていくので、それほどわかりにくいものではないかと思いますが、それぞれの従業員の過去分の退職積立金を確定拠出年金の口座に移すのかどうかで手続きが異なります。移す場合は、4年から8年で自己都合退職金分の資金を移すことが定められています。

　過去分はそのまま退職一時金として継続し、退職時に支払うということ

であれば、それに合わせて資金準備をします。

　②**確定給付企業年金からの移行**は、積立不足がないかどうかがポイントになります。万が一、積立不足がある場合は、資金を補填して積立不足を解消する、あるいは、その分減額をして確定拠出年金に変更するなどの対応が必要です。いずれにしても、確定給付から確定拠出年金への変更は、前者が予定利率を設定した「確定」給付であるがゆえに、労使合意をいかに取りつけるかが問題になるでしょう。

　③**厚生年金基金からの移行**は、おそらくもうすでに終わった会社が多いのではないかと思いますが、基本的にはそれぞれの基金で対応が異なります。

Q.6 制度を途中でやめることはできますか?

A 一度導入した企業型確定拠出年金制度をやめることは可能です。その場合は不利益変更となりますから、**労使合意が必要**です。特にこれまで拠出していた事業主掛金の代替はどうするのかが問題になるでしょう。

　また、制度をやめるということは、従業員各々の口座をiDeCo（個人型確定拠出年金）に移すことになります。それはすなわち、企業型の口座にある資産を全部売却し、現金化した状態で資金を移動することを意味します。万が一、含み損を抱えている加入者がいると、それが顕在化した損失となりますので、十分な準備期間が必要となります。

　なお、制度をやめる際にも費用がかかりますので、金融機関へ問い合わせてください。

Q₇ 経営者は小規模企業共済との併用ができますか?

A 併用には全く問題はありません。小規模企業共済は**受取の理由によって受取金額が異なる**ので、まずはご確認ください。受取時には**退職所得控除**として税制優遇が受けられます。これは確定拠出年金の一括受取と同様です。

　併用の際、税制優遇を最大化するには、受取タイミングが重要です。

　同じ年に2つの資金を受け取る際は合算されるので、**課税される場合は、受取時期をずらす**ことを検討しましょう。確定拠出年金を先に受け取り、5年以上ずらしたうえで小規模企業共済を受け取ると、それぞれの退職所得控除を使うことができるので有利になります。ただし、先に小規模企業共済を受け取り、あとから確定拠出年金を受け取ると、15年以上ずらさないと退職所得控除の重複した部分が無効になってしまうので、できれば避けたほうが無難です。

小規模企業共済との併用

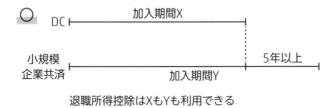

退職所得控除はXもYも利用できる

退職所得控除に重複期間は含まれない

2 制度導入に関する質問

Q8 企業型確定拠出年金が導入できる会社の
条件は何ですか?

A 厚生年金に加入している会社であれば、事業規模にかかわらず導入
可能です。すでに厚生年金基金あるいは確定給付企業年金制度
（DB）がある場合は、拠出できる掛金の上限が変わりますが、確定拠出年
金の導入は全く問題がありません。

　金融機関によっては、導入の際、事業規模を 50 人以上でなければなら
ないなど制限をつけてくるところもあるかもしれませんが、法律上はその
ような制限はありません。

　実際、将来に向けての負債が発生しない確定拠出年金のほうが中小企業
には向いています。なぜならば、**財務上の負担が企業の掛金拠出分と限定
的で、予算化が可能**だからです。

　一方、将来の支払いを約束する確定給付企業年金を、中小企業が新規で
導入する条件は厳しいといえます。なぜならば、財政のチェックがより厳
しく求められるからです。万が一、予定利率より実際の運用が大きく下回
ると、現金で補填しなければならないため、財務体質が将来的にも優良で
なければ、制度の維持が会社の存続にまで影響を与えることがあります。

Q₉ 事業所が複数ある場合、企業型確定拠出年金は導入できますか?

A もちろん可能です。**厚生年金の登録事業所ごとに確定拠出年金制度を導入**します。例えば、事業所としての登録は1つでも営業所あるいは支店が複数あるという場合も多いかと思いますが、その場合、「登録事業所は1つ」として導入します。

一方、厚生年金の登録事業所も分けている場合は、それぞれの事業所ごとに制度を導入します。事業所費用がその都度かかりますので、制度導入の見積もりの際に確認してください。

全事業所への導入を検討されているのであれば、**できるだけ同時期に制度導入をして、事業所費用の割引など交渉する**とよいかと思います。確実ではありませんが、事業所費用については多少なりとも値引き交渉ができる可能性があります。

Q₁₀ 経営者や役員も加入できますか?

A 60歳未満であれば、**役職にかかわらず、誰でも企業型確定拠出年金の加入者となれます**（規約により、65歳未満とすることも可能です）。また、会社によっては役職者は加入対象者から外すところもあります。

複数の事業所で厚生年金被保険者になっている場合は、主となる事業所で加入者となります。加入者は一事業所でしか確定拠出年金の加入者になれません。

Q₁₁ 導入をする際の金融機関は、どのように選定したらいいですか?

A まずは、取引のある金融機関複数に問い合わせてみてください。費用面、サービス、運用商品の内容で比較検討する必要がありますので、必ず複数の金融機関から見積もりを取ることが大切です。

特に**運用商品の選定の良し悪しにより、従業員の将来へ向けての資産形成の結果が変わる**といっても過言ではないほど、重要なプロセスです。もし社内で結論が出せないようであれば、第三者に依頼して評価をしてもらうのもよいでしょう。

その際、**自社に合わせた制度設計をしてくれるのかどうか**もチェック項目となります。例えば、新規導入なのであれば、掛金設定についても相談に乗ってくれるか、既存の制度からの移行なら、どのようなプロセスを踏むのか時系列での説明があるかなども、聞きたいところです。

Q₁₂ 導入にかかる費用はどのくらいですか? 維持費用もありますか?

A 導入にかかる費用は、事業規模や担当する金融機関によっても異なります。また、既存制度からの移行が含まれると、その費用も上乗せされます。

目安としては、制度導入時に 10 万円から 20 万円程度、加入者の口座開設に 1 人あたり 3,000 円から 5,000 円程度、事業主にかかる月々の費用が 5,000 円から 3 万円、加入者 1 人あたりの口座維持費が 300 円から 500 円程度というイメージでしょうか。**従業員 10 名の企業であれば、月々 1 万 3,000 円から 3 万 5,000 円くらいがコンスタントにかかる費用**です。規模が大きくなると、資産管理費用など少し負担が増えます。

この他、制度導入時の説明会や運用についての勉強会なども必要です。

さらに、継続的に研修を開催すると、別途費用がかかります。これも担当する金融機関（運営管理機関）、あるいはコンサルティング会社によって異なります。金融機関では、研修等を無料とするところも多いようです。

Q13 制度導入まで時間はどのくらいかかりますか?

A 基本的には、**必要書類提出後から３カ月くらい**を目途にお考えください。ただし、金融機関の締め日がありますから、それ以上の時間がかかる場合もあります。

　基本的には、金融機関が申請手続きをすべて代行してくれますので、会社としては社内での周知徹底、研修会開催の準備などを進めてください。

Q14 企業型確定拠出年金の導入は経営上メリットがありますか?

A これまで厚生年金基金、確定給付企業年金（DB）や退職一時金制度があり、それらの将来債務に対して問題意識を持っていたということであれば、財務上のメリットはおおいにあります。なぜならば、企業型確定拠出年金は**掛金を経費化する**ことで、**会社の運用リスクがなくなる**からです。

　また、退職一時金を社内引き当てで準備していた会社であれば、経費とならなかった金額が確定拠出年金の掛金となれば、全額損金ですから、ここにも大きな財務上メリットがあります。

　しかしながら、新規で企業型確定拠出年金を導入する場合、新たに掛金が発生しますし、運営コストもかかります。さらに、従業員に対する教育も努力義務とはいえ、必要となります。

　給与減額方式の選択制を「経費削減になる」と営業するコンサルタントも一部にいると聞きますが、給与減額方式の選択制は社会保険料を圧縮す

るために導入するものではありません。これまでの給与体系の見直しであり、従業員が掛金を拠出することで「結果的に」社会保険料等級が下がったとしても、それが目的ではありません。さらに、社会保険給付を減らすリスクを十分説明しないまま導入するのも本末転倒です。

　もちろん、従業員側から見れば、税制優遇を受けながら資産形成ができるわけですから、働くモチベーションが上がり、それによって経営上のメリットを得られるということはあります。しかし、経営上得をするから企業型確定拠出年金を導入するといった安易な考えであれば、そもそも導入をしないほうが賢明です。従業員の将来支援を行なう福利厚生の一環として、しっかりと取り組まれることをお勧めします。

3 制度設計に関する質問

Q15 掛金を拠出する範囲の決め方を教えてください。

A 厚生年金被保険者全員加入が原則ですが、多くの会社で加入対象者の資格を定めています。

加入資格を決めるためには以下4つのポイントがあります。

①**一定の職種**……営業職、事務職など就業規則などにより、労働条件が他の職種とは別に規程されている場合。

②**一定の勤続期間**……退職金の支払い資格を一定の勤続年数と定めている日本の慣行にならい、「勤続3年を経過した者」を加入対象者とすることも可能です。ただし、その場合、加入対象となる前の期間については代替給付が必要です。そのため、勤続年数3年未満で自己都合退職した場合、会社が拠出した掛金（ただし、資産残高が下回る場合は残高が上限）の返還を求める「事業主返還」を設定するケースもあります。

③**一定の年齢**……例えば、退職一時金制度から確定拠出年金制度に移行するような場合、十分な運用期間が確保できないなどの理由で50歳以上を加入対象外とするような措置は可能です。現時点では、企業型確定拠出年金は65歳まで拠出を可能としているため、加入資格を65歳未満と明示することもできます（2022年より70歳まで加入可能になります）。

④**希望者**……確定拠出年金に加入したい者だけを加入者とする方法です。その場合、希望しない者にも代替給付をすることが原則です。ここはiDeCo+と大きく異なる点です。代替給付は、「前払い退職金」として掛金を給与の上乗せとして受け取るか、確定拠出年金に加入するかを選択させ

ることが多いです。

Q16 事業主掛金の設定はどうしたらいいですか?

A 企業型確定拠出年金の掛金は「**定額**」「**定率**」「**併用**」の3種類から
決めることになっています。定額にも「**一律**」「**勤続年数**」「**役職**」
などのパターンがあります。

「**一律**」とは、全社員一律同じ金額拠出するという意味です。このメ
リットは管理が楽であるということ、デメリットは掛金拠出のありがたみ
が薄れがちということです。

「**勤続年数**」で金額を分ける会社もあります。入社3年未満はいくら、3
年以上5年未満はいくら、という形です。従業員に対し、長期で働くメ
リットを訴えることができます。注意点としては、期間ごとの掛金ですか
ら、入社月管理を徹底し、掛金変更のタイミングを間違わないことが挙げ
られます。

「**役職**」での金額設定も可能です。一般社員、課長、部長という形です。
役職が上がることで掛金が上がるのでモチベーションにはなります。役職
設定、人事評価が明確になっている会社には向きますが、新しい役職が今
後もできる可能性があるといった過渡期の会社の場合、この仕組みは向き
ません。また、降格の場合は掛金も減ることになりますから、それも含め
て考える必要があります。

「**定率**」の場合、基本給の○％、役職ポイントの○％とする会社もあり
ます。こちらも、人事評価がきちんと周知されているような場合は非常に
有効です。ただしその場合、端数の処理はどうするのか、あるいはその金
額が掛金上限額を超える場合どうするのかといったところまであらかじめ
定めておく必要があります。

掛金については、給与明細に必ずしも表記しなければならないというこ
とはないのですが、やはり従業員により意識をもってもらうためにも記載

するほうがよいでしょう。

Q17 会社の掛金は最低いくらからですか？

A 企業型確定拠出年金の最低掛金はありません。1,000 円以上という感覚でよいかと思います。一方、掛金の上限は、企業年金としての制度が**確定拠出年金のみの場合は月 5 万 5,000 円まで**、確定給付企業年金や厚生年金基金と併用の場合は 2 万 7,500 円が上限と設定されています。もちろん、上限まで掛金を拠出する必要はありません。

Q18 掛金を年単位にできますか？

A 2018 年より、年単位で掛金を拠出することができるようになりました。その場合、**12 月から翌年 11 月までの範囲において年間掛金上限を上回らないように設定**します。例えば、ボーナス月の掛金を増やすなどが可能です。

Q19 企業型確定拠出年金に、年齢制限はありますか？

A 現状、規約に定めることで **65 歳まで加入が可能**です。加入とは掛金の拠出をするという意味で、運用は 70 歳まで継続できます。2022 年より、企業型の加入は 70 歳まで、運用は 75 歳までとなりますが、**年齢要件を変える場合は規約の変更が必要**です。

Q20 事業主掛金の変更はできますか？

A 企業が拠出する掛金拠出ルールを変更することはできますが、社内規程の変更ですから、**労使の合意が必要**です。掛金を増やすのは特

に問題はありませんが、掛金を減らすのは不利益変更ですから、しっかり
とした根拠と従業員に対する説明が必要です。

Q21 従業員が事業主拠出の他にも 自分で掛金を出すためには?

A 従業員が個人掛金を拠出する仕組みは、**マッチング拠出、iDeCo 併用、給与減額方式の選択制**の3つがあります。

　マッチング拠出は、事業主掛金との合計が5万5,000円以下であるとい
うこここと、個人掛金額が上回らないことという2つのルールがあります。

　iDeCo 併用は2万円を上限として自由に iDeCo に加入していいという制
度です。2022年からは、規約に定めずともマッチングと iDeCo 併用、ど
ちらがよいか従業員が選べるようになります。

　給与減額方式の選択制は、事業主掛金との合計が5万5,000円以下とな
るような規程も作れ、自由度は高いです。しかし、個人の掛金分が社会保
険の算定から外れるため、傷病手当金などが目減りする可能性があり、十
分な制度説明が必要です。

Q22 定着せずに退職してしまうかもしれない社員に 掛金を出すべきかどうかと考えています。

A 拠出した掛金を一定期間より早くに退職した場合、あとから返還を
求める制度「**事業主返還**」をつけることも可能です。これをする
と、金融機関が該当する社員の口座から会社が拠出した掛金分を退職後に
振り替え、会社に戻してくれます。

　ただし、これも事前にしっかりとした説明をしないとトラブルに発展す
ることもありますので、運用には注意が必要です。

Q23 給与減額方式の選択制の場合、デメリットがあると聞きました。

A 給与減額型の選択制は、もともとは「**総賃金の再構築**」と呼ばれ、退職金もこみこみで出していた給与の内訳を再度見直すという意味合いで行なわれていました。

そもそも、退職一時金は給与の後払いという側面がありますが、給与として先に受け取ると、課税され社会保険料も差し引かれるのに対し、退職一時金として受け取ると、所得税も優遇され社会保険料も一切かからないお金として計上されるという、非常に優遇を受けた仕組みだったのです。

それを退職金とせずに給与で支払っていたのだから見直しするというのが、給与減額方式の選択制です。退職金込みで受け取っていた給与をみずからの意思で確定拠出年金として老後のために運用するのだと考えると、納得感があると思います。また、そうであれば、給与から確定拠出年金の掛金を拠出するとその額は社会保険料の対象とならないので、結果社会保険給付が下がるというのは単純なデメリットとも言えませんが、掛金を拠出した結果、不利益を被ったと言われないよう十分な説明が不可欠です。

特に、標準報酬月額の減額に伴い給付額が変わる傷病手当金や出産手当金、老齢厚生年金、基本手当（失業給付）については、具体的な説明が望まれます。健康保険の給付減を抑えるのであれば、賞与から掛金を拠出するなど制度設計の工夫も必要でしょう。

Q24 外国人の社員がいます。どうしたらいいですか?

A 外国人の場合、今後、母国に帰国することも考えられます。できれば、そういう状況にも配慮した制度設計をしたいものです。

現状、確定拠出年金は一度加入すると、60歳までお金を引き出すことができません。これは外国人であっても同様です。すると、途中で帰国さ

れる方の場合、運用のみを60歳まで継続し（掛金を拠出することはできない）、その後、金融機関に申請して資金を引き出し、指定の口座に振り込んでもらうことになります。

これらの手続きは、企業型確定拠出年金のある会社を退職後、みずからが個人型確定拠出年金に加入し直し、資産を移換して行なうべきもので、会社が責任を負うものではありません。しかし、そういうことをしなければならないことすら知らずに退職をする外国人社員も少なくなく、結果、資金すべてが国民年金基金連合会に自動移換されるというケースも多いのです。したがって、**あらかじめ退職時の情報提供をしっかり行なう**ことが非常に大切です。

また、これから制度の変更も可能、あるいは新規に制度を導入するような会社であれば、会社の掛金を給与として受け取る（前払退職金）か、確定拠出年金の掛金として受け取るかの選択制にするのも一考です。本人に母国への帰国する際の注意点を話したうえで、どちらにするのか決めることができます。

2022年からは少し制度が変わり、**加入から5年未満であれば脱退一時金が認められる**ようになりますが、条件があるので、入口の段階からしっかりと制度の説明をされることをお勧めします。

実際、外国人社員に外国語で確定拠出年金について説明をしてほしいといったニーズはあるのですが、なかなか対応できる金融機関がないようで、著者の元には英語でのセミナー要望がよく寄せられます。

4 制度運営・手続きに関する質問

Q25 制度に関わる事務処理の負荷はどのくらいですか?

A 制度導入に関しては、必要な書類を金融機関が取りまとめてくれます。厚生年金保険料の領収書や登記簿謄本などは自社で準備をします。

　加入者のデータを取りまとめて金融機関に送るという作業もあります。入社時の処理と同じようなもので、氏名や生年月日や住所などをパソコンで入力し、そのデータを送付します。加入者数が多ければそれなりに時間がかかると思いますが、基本的にはエクセルデータの入力です。年の途中で加入者がいれば、同じ処理をします。

　毎月の処理としては、特別なことはありません。掛金合計額が指定口座から引き落とされますので、振替処理をお願いします。その他、退職者、掛金の変更があれば、それぞれに手続きを行ないます。基本的には、金融機関のコールセンターが窓口となり、サポートしてくれます。

Q26 必要な税金の手続きはありますか?

A 会社が拠出する掛金については、**税金の還付処理は不要**です。従業員への掛金合計額を指定の口座に準備をしておけば、金融機関（運営管理機関）がそこから資金を引き落とし、それぞれの従業員の口座に振り替えます。

　会社としては、口座振替された掛金合計額を「確定拠出年金掛金」とし

て損金処理するだけです。

　ただし、従業員が個人掛金を拠出する場合は、掛金の徴収方法により処理が異なります。掛金を従業員の口座振替とする場合は、年末調整の際、「小規模企業共済掛金等控除」欄にて処理をします。

　掛金を事業主払込にしている場合は、毎月の給与で掛金を天引きする際に源泉処理を行ないます。年末に還付処理をする必要はありません。

　給与減額方式の選択制の場合は、そもそもその掛金は「給与とはしない」というものですから、総支給額自体が掛金分減少している状態です。したがって、特に還付処理は発生しません。

Q27 企業型確定拠出年金の投資教育とはどういうものですか?

A 確定拠出年金は、**加入者自身の運用成果により、その資産が大きく変動する**特徴があります。そのため、会社が主導で導入した企業型に関しては、資産運用に関する教育をしてください、という趣旨です。努力義務なので、特にペナルティがあるわけではありませんが、社員教育の一環として取り組んでください。

　金融機関によっては、無料で投資教育を行なったり、教育用 DVD を配布したり、動画配信したりと、いろいろ工夫をされていますので、まずはご相談ください。

　研修を行なう際は、記録を取ることを忘れずに実施してください。金融機関が提供する研修システムでは、研修履歴が自動的に記録されるようなものもあるかもしれませんが、そうではない場合の記録は会社側でご用意ください。といっても特に難しいものではなく、誰が、いつ、どんな研修を受けたのか程度で大丈夫です。おそらく、これまでも人事研修の記録はされていると思いますので、その一環とお考えください。

Q28 中途採用の社員がiDeCoをしています。どうしたらいいですか?

A 選択肢は2つです。**会社の企業型確定拠出年金に資産を移換する**。あるいは、**iDeCo のまま保有する**です。

前者を希望する場合は、運用管理機関に申出をして、iDeCo の資産を企業型の従業員口座に移換する書類を提出します。少し時間はかかりますが、iDeCo の資産の売却による現金化、企業型確定拠出年金口座への資金移換が行なわれます。したがって iDeCo の資産を売却にふさわしい状態にすること、例えば株式投資信託であれば、利益が出ている時に売却をして移換の準備をするなどが必要となります。

移換によって資産の目減りが大きくなりそうな場合は、企業型には移換しないという選択肢もあります。その場合、iDeCo は運用指図者として資産をそのまま保有します。

また、資金を移換する場合は、移換後の資産配分(投資先)もしっかりと考える必要があります。移換後、何も手続きをしないと、「デフォルト商品」といって運営管理機関の初期設定商品(多くの場合元本確保型の定期預金など)に入って、そのままとなってしまいます。

iDeCo のまま保有する場合は、加入者本人が勤め先の変更の申出を運営管理機関に行ない、会社が証明書を提出します。

iDeCo の資産を継続保有する場合であっても、会社が iDeCo 併用を認める規程であれば、従業員は掛金を月2万円を上限として iDeCo に拠出することができます。そうでない場合でも 2022 年以降は、すべての企業型確定拠出年金の加入者に iDeCo 併用が認められます。

Q29 中途採用の社員が企業型確定拠出年金をしていたら?

A 以前の勤め先での企業型確定拠出年金の資産がどうなっているのかにより、対応が変わります。退職から 6 カ月以内であれば、転職先の会社の運営管理機関に申出をすることにより、資金移換が行なわれます。

　6 カ月以上経過していて、確定拠出年金の資産が国民年金基金連合会に自動移換されている場合も、運営管理機関にその旨の申出をします。すると、運営管理機関が国民年金基金連合会に照会をし、少し時間はかかりますが、転職先の会社の企業型確定拠出年金に資金が移換されます。

Q30 会社を辞める社員には、何を伝えたらいいですか?

A 企業型確定拠出年金の口座は、移換の手続きがスムーズに進まなければ、**退職後 6 カ月間は会社に属します。**したがって、その間の口座管理手数料は会社が負担し続けます。そのため、退職する従業員には速やかに手続きをするようお伝えください。

　具体的には、すぐに次の会社に入社する場合、その会社に企業型確定拠出年金があれば、入社後、その会社で手続きをします。企業型確定拠出年金がない、あるいは転職先での企業型への移換を希望しない場合は、自分で iDeCo の口座を開設し移換します。

　次の会社に移るまで 6 カ月以上時間がかかる場合、とりあえず iDeCo の口座を開設し移換します。国民年金基金連合会に自動移換で資金が移されてしまうのが、本人にとっても一番不利益であることを伝えましょう。

Q31 会社からの退職一時金がある場合、税金処理はどうなりますか?

A 確定拠出年金は、**60歳になると受給権が発生します**。実際は70歳まで運用が継続できるので、お金の引き出しはいつでもよいのですが、いずれにしてもその10年間で受取を開始します。

その際受取方法には3種類あり、**一括、分割、併用**から選ぶことができます。一括の場合、確定拠出年金に加入していた期間を退職所得控除にできます。ただし、同年に退職一時金が別途ある場合は合算されるため、課税される場合もあります。その場合は、受け取り時期をずらす工夫も有効です。

一方、分割で受け取る場合は、公的年金等控除を利用できます。この場合、公的年金と合算されるので、金額によっては課税が大きくなることもあります。また、確定給付企業年金も、基本的には年金ですから合算されます。

Q32 経営者が確定拠出年金を受け取る際の注意点はありますか?

A 経営者の場合は、在職老齢年金により老齢厚生年金が受け取れない可能性が高いため、**むしろ確定拠出年金をそこでうまく受け取ったほうがよい場合があります**。

確定拠出年金は、公的年金ではないので、支給停止の対象となりません。したがって、60歳以降の年金替わりに受け取ることも可能です。その場合、公的年金等控除となり、有利な税制のもと受け取ることが可能です。

経営者の場合、退職一時金の有無などに合わせて個別に受け取り方を計画する必要があるので、事前に専門家にご相談されることをお勧めします。

COLUMN⑥

企業型確定拠出年金の誕生の背景

　確定拠出年金は、国が公的年金を補完する「自分年金」として位置付けているだけに、非常にメリットが大きいものです。しかしながら、「あまりよいイメージがないから」と関心を示さない経営者も少なくありません。それは、確定拠出年金の誕生の歴史に原因があるのかもしれません。

　確定拠出年金法が2001年に成立した当時、40年近く繁栄した厚生年金基金は大きな問題を抱えていました。厚生年金基金とは、企業が独自に従業員のために準備する福利厚生としての年金制度ですが、その財源は主に公的年金である厚生年金保険料とする特殊なものでした。厚生年金保険料の一部を「代行」という名目で厚生年金基金に持ってきて、それを運用したのです。

　当時は市場環境がとてもよかったので、借入条件であった金利5％程度をゆうに超えるほどの運用利益が、いとも簡単に上げられたのだそうです。その利ザヤを利用し、従業員に終身年金が準備できるのであれば、これほどよいことはありません。

　しかし、時代はバブル崩壊を迎えます。厚生年金基金の運用もどんどん悪くなり、借りたお金の返済さえも難しいという状況になりました。

　厚生年金基金は、定年退職の際にどのくらいの年金を支払うという「将来の給付額」を先に定める「確定給付型」の年金制度です。将来の給付額は、厚生年金から借りた保険料を元手に、想定される運用利回りを加味して計算されていました。つまり、想定利回りを実質利回りが大きく下回ると、約束した給付額を支払うことができなくなってしまうのです。

　そこでにっちもさっちもいかなくなってきた厚生年金基金の救済として注目されたのが確定拠出年金です。将来の給付額をあらかじめ決める「確定給付型年金」を、将来の金額は加入者の運用に任せ毎月の掛金のみを企

業の責任として拠出する「確定拠出年金」にすることで、会社が負う「将来債務」を消滅させることができるからです。

　しかし、確定拠出年金は日本の企業にとってなかなか受け入れがたい仕組みでした。なぜならば、将来の給付額を従業員みずからが資産運用をして築いていかなければならず、これまで資産運用などしたことがなかった多くの日本人にとっては、運用なんて恐怖でしかなかったからです。

　そこで、確定拠出年金法とほぼ同時期に施行されたのが、確定給付企業年金（DB）です。将来支給する企業年金の額をあらかじめ確定し（確定給付）、それに向け企業が資金を運用して準備をするという意味では、厚生年金基金と似ていますが、資金を厚生年金保険料から借りることをやめ、その運用や管理方法についてもより厳しく定められました。

　予定利率も、1％から2％台と現実的な設定とし、また規約によってはその利回りも再設定が可能であったり、実質運用利回りが大きく下回った時は、積立不足の回避のため資金補填を求められるようにしました。

　著者は、厚生年金基金から制度変更をしようとしている過渡期の企業で、労働組合側幹部への説明会の講師をしたことがあります。会社側としては、このまま厚生年金基金を続けていると、会社OBの企業年金の支払いも、現役社員の将来の企業年金も担保ができないので、なんとか確定拠出年金に移行したい。けれども、今まで資産運用などしたことがない従業員が大半なのに、高い想定利回りを従業員に押しつけるなんて、とてもじゃないが受け入れられないという労働組合側の意見と激突しました。

　結果、確定給付企業年金と確定拠出年金を併用して移行することに落ち着いたのですが、同じような経緯をたどった企業も少なくありません。

　財務的に考えると、退職した従業員の長い老後を会社が確定給付企業年金で支えるのはとても無理があります。

　やはり、これからは自助努力として資産形成が必要な時代。企業は、掛金支援や従業員教育を充実させるべきではないでしょうか。

第 **7** 章

こんなとき、どうする?
ケース別・確定拠出年金の実務ノウハウQ&A
iDeCo編

老後資金作りは自己責任。そこで、税制優遇のある
確定拠出年金はとても有効だと理解することはできても、
具体的に始めると、思わぬところにハードルがあるもの。
本章では、従業員からiDeCoについて問われた場合の
実務のQ&Aを紹介します。

1 制度に関する質問

Q₁ iDeCoはどこで加入しますか?

A iDeCoを始めるには、運営管理機関で**iDeCo口座**を開設する必要があります。運営管理機関は、銀行・証券会社・保険会社・その他と身近にたくさんあります。

すでに普通預金口座を持っている銀行でiDeCoを始める場合でも、iDeCo口座を改めて開設する必要があります。これは、iDeCoは通常の金融業務とは異なる管理体制に置かれているからです。反対に、iDeCo口座は開設したけれど、同じ運営管理機関で口座を必ず開設しなければならないというわけではありません（あわせて開設すると残高を一元管理できるという特典を設けている運営管理機関もあります）。

希望する運営管理機関が決定したら、口座開設申込書を取り寄せ、書類を作成します。申込書を提出してから口座開設まで数カ月かかります。ただし最近はオンライン化が進んでいますので、利便性が向上しています。

Q₂ iDeCoを始めるに際し、便利なサイトなどありますか?

A iDeCoの口座で積立をして、自分年金を作るという仕組み自体はどこの運営管理機関（金融機関）に口座を開いても同じです。iDeCoを始めるにあたって国民年金基金連合会に対し2,829円の加入時手数料、積立の都度171円の加入者手数料がかかりますが、運営管理機関によっては、その手数料に上乗せでコストがかかるところもあります。また、選べ

る金融商品のバリエーションや、コールセンターの時間帯などサービスも異なるので、**できれば事前にリサーチをしたほうが無難**です。

　まずおススメなのは、国民年金基金連合会が運営する「**iDeCo 公式サイト**」です（https://www.ideco-koushiki.jp/）。iDeCoに関するさまざまな情報を入手することができます。

　また、NPO 法人確定拠出年金教育協会が運営する「**iDeCo ナビ**」では、運営管理機関を比較したり、iDeCo で扱われている金融商品を手数料別、パフォーマンス別にランキングで紹介するなど便利な機能が充実しています（https://www.dcnenkin.jp/）。

　なお、著者が運営する「FP 相談ねっと」には無料で閲覧できる相談事例集が充実していますので、疑問解消にお役に立つでしょう（https://fpsdn.net/）。

Q3 運営管理機関選びのポイントは?

A それぞれの運営管理機関独自にかかる**運営管理機関手数料をまず比較**しましょう。前述の iDeCo ナビの「口座管理料比較」機能が便利です。

　そのうえで、気になる運営管理機関の資料を複数社程度取り寄せ、それぞれのウェブサイトを比較して、**自分に合った「わかりやすい」運営管理機関**を選びましょう。基本的に iDeCo はすべての手続きがウェブで完結します。

　口座管理手数料は、全くかからないところもあれば、年間 8,000 円近く負担しなければならないところもあります。また、口座管理手数料はかからないけれど資金をよそに移す（企業型への変更など）際に手数料がかかるところ、資産残高が一定以上にならないと安くならないところもあります。手数料は毎月の積立額から差し引かれますから、高いとその分資産形成が不利になります。

Q4 iDeCoの運営管理機関は途中で変更できますか?

A 運営管理機関は途中で変更可能です。希望するところにiDeCo口座を開設し、そこに今までのiDeCoのお金を移換します。新しい口座に古い口座からの資産移し替えの希望を出すことで、運営管理機関同士で手続きが完了しますから、それほど負担はありません。旧口座から新口座に移す際、手数料がかかる場合もあります。

新しい口座が手数料面でも、運用商品のラインナップの面でも優れているのであれば、変更のメリットはあります。ただし、新口座の開設には時間がかかりますし、資金を移換する際に全金融商品を売却しなければならず、**場合によっては資金が目減りする**こともあります。

Q5 iDeCoの口座開設申込書に記載する「基礎年金番号」とは?

A 基礎年金番号とは、**公的年金被保険者一人ひとりに割り振られた番号**で、年金手帳に記載されています。

年金手帳は20歳の時に国から発行され各自保管しているものですが、会社が保管しているケースもありますので、その場合は会社に番号を問い合わせます。万が一紛失などしている場合は、日本年金機構に手帳の再発行を求めてください。

Q6 掛金の設定はどうしたらいいですか?

A iDeCoの最低掛金は5,000円で、1,000円単位で任意の金額を設定できます。ライフプランを作り、老後に必要なお金を試算したうえで掛金を決めたいところです。60歳までは原則引き出しができないお金ですから、無理なく積立が継続できることも重要です。

　掛金は年に1回変更が可能ですから、目標額を達成できるよう、積立計画を立てましょう。iDeCoは、年単位でも掛金を設定できます。例えばボーナス時には、掛金を多く設定するなど事前登録をすることが可能です。

Q7 掛金は振込をするのでしょうか?

A iDeCoの掛金は**原則、指定口座からの振替**となります。口座は、都市銀行、地方銀行、信用金庫などご自身の希望する金融機関を指定することができますが、一部ネット銀行などは指定できません。

　会社員の場合、**給与天引き**を選べるところもあります。その場合、事業主が希望する掛金を給与天引きし、その会社のiDeCoに加入している全員分の掛金を取りまとめます。その後、毎月の指定日に国民年金基金連合会が会社の指定口座から合計額を引き落とし、それぞれの運営管理機関に振り替えます。

　給与天引きの場合、掛金変更時には必ず会社へも通知するなど、運営管理機関だけで完結する手続きにひと手間追加されることがあります。引き落としされる掛金に相違があると、あとから調整されます。

Q8 指定口座の残高不足で引き落としができない時はどうなりますか?

A その月の掛金拠出はなかったものとされます。**あとから追加積立を**することはできません。

Q9 どんな時に運営管理機関に届け出が必要ですか?

A 氏名の変更、住所や振替口座の変更、掛金額の変更等はもちろん届け出が必要ですが、**年金の被保険者区分が変わった時や、転職の際にも届け出が必要**です。

　例えば自営業だった方が会社員になった場合、第1号被保険者から第2号被保険者へ、会社員だった方が結婚して扶養に入る場合、第2号被保険者から第3号被保険者へ区分が変わりますので、遅滞なく届け出ます。また、転職も同様です。場合によっては掛金上限額が変わることもあります。

Q10 掛金を拠出するのが難しい時はどうしたらいいですか?

A 掛金の拠出が難しい時は、運営管理機関に**「運用指図者」への変更**を申し出ます。すると、資金を引き出すことはできませんが、掛金の拠出を中断し、運用のみ継続することが可能になります。

　とはいえ、iDeCoの最低掛金は月5,000円です。1日あたり167円のお金が出せない状況はiDeCoが問題なのではなく、根本は違うところに問題がある可能性が大きく、ライフプランの立て直しを考えるほうが賢明です。

　また、60歳以降に老齢給付金を一括で受け取る際は、退職所得控除が使えますが、運用指図者期間は加入期間に認められませんので、受取時の非課税枠も小さくなります。

Q11 加入者が死亡したらどうなりますか?

A 60歳までの加入期間中に加入者が亡くなると、**死亡給付金**としてiDeCoの資産が全額遺族に支払われます。その際の遺族は公的年金と同様の扱いですから、内縁関係でも配偶者は受取人として認められます

し、あらかじめ受取人を指定しておくこともできます。

受取の手続きは、遺族が運営管理機関に対して行ないます。運営管理機関は申出によりiDeCoの全資産を売却し現金化したうえで遺族に給付しますので、加入者死亡後は運用を継続することはできません。

死亡給付金は死亡退職金として扱われますので、「500万円×法定相続人の数」で求められた金額は相続財産の非課税枠が適用されます。

Q12 途中でお金が引き出せるケースは全くないのでしょうか？

A 死亡以外でお金が引き出せるのは、**障害を負った時**です。障害年金1級または2級に該当した際は、障害給付が受けられます。障害給付は全額非課税で受取ができます。

しかし、それ以外の理由では、指定の年齢に達するまで自由に引き出すことができません。

震災の際は、限定的に引き出しが認められるケースもありましたが、それでも厳しい条件がつきました。また、貸付制度もありません。

Q13 年金保険料の免除を受けている時、iDeCoはできますか？

A 国民年金の保険料を支払っていない場合、iDeCoはできません。未納はもちろん、**免除や学生納付特例も同じ**です。

例えば海外に居住している人は、国民年金への加入が義務ではありません。しかし人によっては、任意加入をしている場合もあるでしょう。現在、任意加入の方はiDeCoへの加入はできませんが、2022年からはできるようになります。

Q14 60歳以降は、どのような手続きになりますか?

A 60歳になると、iDeCoの加入資格を喪失します。加入資格とは掛金を拠出する資格ですので、その先は**最長70歳まで**運用指図者として運用のみを継続することができます。60歳で加入資格を喪失すると同時に受給権が与えられます。受給は70歳までの任意のタイミングで、運営管理機関にいつでも申出が可能です。

Q15 60歳になれば、資金が引き出せますか?

A 原則60歳になれば、受給権が発生しますが、**60歳までの加入期間が10年に満たない場合**、最長65歳まで受取時期が遅れます。その間は運用のみを行なう運用指図者となります。

50歳以降でiDeCoを始めた方は、60歳までに10年の加入期間を満たしませんので、以下の表で受取開始可能年齢を確認してください。

受け取り開始可能年齢	60歳	61歳	62歳	63歳	64歳	65歳
必要な通算加入者等期間	10年以上	8年以上10年未満	6年以上8年未満	4年以上6年未満	2年以上4年未満	1カ月以上2年未満

Q16 65歳まで加入できるようになるんですか?

A 現在60歳までがiDeCoの加入年齢ですが(企業型は規約により65歳まで加入可能)、2022年より65歳まで加入が可能になります。加入できるのは公的年金の被保険者ですから、60歳以降厚生年金に継続加入する方は問題なく加入できます。これは2022年に60歳になる人はもちろんですが、2022年より前に60歳になる場合でも、**2022年に65歳未満であればiDeCoに再加入し、積立を再開できます**。ただし、iDeCoに再加

入する前に老齢給付金を引き出してしまうと再加入の権利を失いますので、注意が必要です（企業型確定拠出年金の老齢給付金の受け取り後、iDeCo への再加入は可能）。

　一方、第1号被保険者の場合、65 歳までの加入拡大できるのは 60 歳までの年金加入期間に未納があった場合で 60 歳以降に任意加入をした時に限ります。すでに 480 カ月の加入が完了していると国民年金の任意加入被保険者になれないため、iDeCo への加入もできません。

　さらに第3号被保険者は 60 歳までででそれ以上はありませんから、iDeCo はやはり 60 歳までが加入対象年齢となります。

Q17 iDeCoの節税メリットを教えてください。

A　「iDeCo 公式サイト」では、節税メリットを理解するためのシミュレーションができます。年収、年齢、掛金を入力するとざっくりと税制メリットを教えてくれます。

　あるいは、会社員の場合、**源泉徴収票を用いて、もう少し具体的に節税メリットを確認**することもできます。まず、源泉徴収票から前年度の課税所得を算出します。図1のBからCの金額を引くと、課税所得がわかります。仮に課税所得が 300 万円であれば、該当する所得税率は 10% となります（図2）から、「iDeCo の年間掛金×10%」が節税メリットとなります。また、住民税は課税所得にかかわらず、すべての方が税率 10% を負担していますから、「iDeCo の掛金×10%」が節税メリットとなります。

図1

令和　年分　給与所得の源泉徴収票

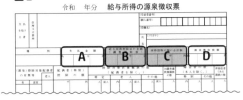

A：年収
B：給与所得控除後の金額
C：所得控除の額の合計額
D：源泉徴収税額（所得税）
B－C＝課税所得

図2

課税される所得金額	税率
195万円以下	5%
195万円を超え330万円以下	**10%**
330万円を超え695万円以下	20%
695万円を超え900万円以下	23%
900万円を超え1,800万円以下	33%
1,800万円を超え4,000万円以下	40%
4,000万円超	45%

2 会社が行なう手続きについての質問

Q18 従業員がiDeCo加入の書類を持ってきたら？

A 従業員がiDeCoへ加入する際、会社は**事業主証明書を出さなければ
なりません**。問われることは、事業所登録番号、企業年金加入につ
いて、掛金の徴収についてです。事業所番号は、その会社での最初の
iDeCo 加入者の手続き書類がそのまま事業所登録申請書を兼ねるので、ス
ムーズに取得ができます。取得後は通知が来ますので、その番号を記入し
ます。

　問い合わせ窓口についてもきちんと記載されていますし、iDeCo の公式
ウェブサイトにも書類の書き方のサンプルが掲載されていますので、参考
にしてください。

Q19 iDeCoの掛金は、給与天引きにしなければなりませんか？

A 従業員の iDeCo 加入時の証明書発行の際に最も迷うのが、iDeCo 掛
金を「個人払込」（本人の口座振替）にするか、「事業主払込」（給与
天引き）にするかでしょう。もし給与天引きが手間だと判断すれば、「事
業主払込を行なう体制が整っていない」という理由を選択して、個人払込
を選べば十分です。これだと**個人が契約している生命保険**と同じで、月の
保険料（ここでは掛金）は個人の銀行口座からの振替で、年末調整の際に
本人が証明書（ここでは小規模企業共済等掛金控除証明書）を添付します

ので、それで年末調整を行なえば終了です。これが最も簡単な手続きとなります。

従業員の掛金を給与天引きにすると、全従業員分の掛金合計額が、国民年金基金連合会より**毎月26日の納付日に会社の指定口座から引き落としされます**。したがって、指定口座にその月の掛金合計額分残高があれば、会社は特に何もしなくても処理は終わります。

引き落とし後は、登録内容に従い、それぞれの運営管理機関に必要な金額を振り替えます。したがって、従業員が加入する運営管理機関が複数あったとしても、会社にその分の手間が増えるわけでもありません。

Q20 iDeCoの手続き負荷はどの程度ありますか?

A 定型的な手続きとしては、**従業員がiDeCoに加入する際の証明書の発行**と**年に1回の現況届**です。これは、その社員がまだ継続して働いているのかどうかの証明です。もし従業員の掛金拠出が口座振替であれば、これに加え、年末調整で従業員が持参する「**小規模企業共済等掛金控除の証明書**」を用いて還付処理をするのみです。

仮に住所変更や金額変更等があったとしても、加入者と運営管理機関の間で手続きを行ないますから、事業主は特に何もする必要はありません。

給与天引きをする場合は、毎月の給与で源泉調整します。掛金は社会保険料の算定対象ですが**課税対象となりませんので、給与額を調整する必要があります**。これは給与計算ソフトの設定でほぼ問題なくできるはずです。毎月の給与で税金処理を終了させるため、年末調整は不要です。給与天引きの金額は、従業員と書類を取り交わし、金額を確認するほうがよいでしょう。年の途中で掛金が変わった場合、会社にも申出してもらうように徹底します。もし間違うと、後日国民年金基金連合会から調整のお知らせが届きます。

3 従業員が行なう手続きについての質問

Q21 転職先の会社が企業型確定拠出年金をしていたら、iDeCoはどうなりますか?

A 2017年の法改正で、iDeCoをそのまま保有することも、iDeCo口座を閉鎖し企業型確定拠出年金に資産のすべてを移換することもできるようになりました。それぞれメリット・デメリットがあるので、総合的に判断する必要があります。

iDeCo口座を保有するメリットは、iDeCo内で運用中の金融商品をすべて売却、現金化して、企業型に資金移換する必要がないという点です。ただし、運用指図者として運用のみを継続する時も、毎月の手数料がかかります。

一方、企業型の運用商品がより魅力的であること、iDeCoの運用状況が良好で移換時に利益の確保ができること、移換時の手数料（運営管理機関による）を確認し、iDeCo口座を保有するよりメリットがあれば、企業型に移換します。

Q22 加入していた企業型確定拠出年金、転職後はどうしたらいいですか?

A 退職により企業型確定拠出年金の加入資格を失った場合、**6カ月以内に手続きを行なわないと、全資産が国民年金基金連合会に「自動移換」** されてしまいます。

自動移換されると、その後は運用もされず、ただ手数料のみが差し引かれ資産が目減りしますし、いざ自分の資金を出そうとする時も手数料が引かれたりしますので注意が必要です。また、老齢給付を一括で受け取る際の退職所得控除の期間計算には、自動移換されていた期間は入りませんので、不利になります。

　転職先に企業型確定拠出年金がない場合は、iDeCo の口座開設を行ない、資金を iDeCo に移します。転職先に企業型確定拠出年金がある場合、原則はそちらに資金を移しますが、iDeCo の口座開設を別途行ない、運用指図者として前会社の企業型確定拠出年金の資産の運用を継続することもできます。

　仮にいずれの手続きも間に合わず、自動移換された場合は、運営管理機関に申出をして、自動移換された資金を自分の現口座に移換する手続きを行ないます。

Q23 企業型確定拠出年金から移換したお金の運用で気をつける点は?

A 企業型確定拠出年金から資金を移換する場合、まとまったお金が iDeCo の口座に移されてきます。運営管理機関によっては、そのお金を指定して一気に投資信託を買いつけできるところもあります。

　ただし、**資産運用の基本は「分散」**です。分散とは、投資先の分散と時間の分散の２つの意味があります。

　たとえば、投資信託はその値段「基準価額」が毎日変動します。特に企業型からまとまった資金が移換されたタイミングで、特定の投資信託を一気に購入すると、その時の基準価額によっては高くなりすぎたところで購入してしまい、あとで価額が下がり損をしてしまうこともあり、あまりお勧めはできません。その場合はいったん値動きのない定期預金などに資金を移し、そこから希望の投資信託を定時定額購入されることをお勧めします。

4 運用に関する質問

Q24 iDeCoのリスクは何ですか？

A 仕組み上は、60歳まで引き出しができないことですが、やはり**運用における損失リスク**が最も気をつけるべき点でしょう。特に投資信託は、運用状況次第では元本割れすることもありますし、その損失を補塡する仕組みはありません。

ただし、iDeCo で選択する定期預金は預金保護の対象、保険商品も保険契約保護の対象で、投資信託は運用会社から分別管理されているので、**それぞれの金融商品提供会社が破綻したところで、加入者が大きなリスクを負うことはありません**。また、運営管理機関が破綻しても、別の運営管理機関が窓口となりますから、問題はありません。

Q25 資産運用が不安です。どうしたらいいですか？

A 運営管理機関も、FP も、特定の金融商品を「お勧め」することは法律で禁じられています。しかし、資産運用について学ぶことはできますので、中長期的にアドバイスを求めるのはよい考えでしょう。

もし、どうしても値動きのある運用はしたくないということであれば、定期預金や保険商品などの元本確保型を選ぶのも選択肢です。しかし、自分でなかなか金融商品が決められないという場合であっても、**そのままにしていてはいけません**。所定の日時までに金融商品を自らが選ばなければ、その運営管理機関指定の商品に自動的にお金が振り替えられるからで

す。この指定商品は運営管理機関によって投資信託になることもありますので、あらかじめ確認が必要です。

Q26 運用商品はどんな風に選んだらいいですか?

A 例えばiDeCo公式ウェブサイトにも資産運用に関する情報が掲載されていますし、各運営管理機関でも運用商品選びの際に参考になるようなコンテンツが準備されています。前述のように、特定の運用商品の推奨は法律で禁じられていますが、資産運用の知識を学ぶことができます。iDeCoの場合、**選べる運用商品も35種類程度と決まっている**ため、ある程度勉強していただければご自身で運用商品を選べるようになるのではないかと思います。

　また、運営管理機関によっては、各運用商品を比較検討するツールが充実していて、商品選びの参考にできるところもあります。最近では、ポートフォリオ（資産配分）ツールが充実しているところも多いです。

　運用商品は一度決めたものをずっと継続するというのではなく、次月の積立金で購入する運用商品を変更する（配分変更）ことや、これまでの残高を一部あるいは全部売却して別の金融商品を購入する（スイッチング）ということも随時できます。

Q27 iDeCoの運用商品にはどんなものがありますか?

A iDeCoの運用商品は、運営管理機関によって異なりますが、**必ず元本確保型**と**元本変動型**の商品の2種類があります。

　元本確保型と呼ばれる商品には**定期預金と保険**が多いです。こちらは文字通り、元本が割れない商品という意味ですが、満期日前の解約（iDeCoの口座内での売買）では利息が予定通りつかなかったり、解約時ペナルティで元本より解約金が下回ることもあります。

　元本変動型と呼ばれる商品は**投資信託**です。債券、株式、不動産、コモディティに投資するものなど、さまざまあります。特徴として、通常かかる購入手数料がすべて無料、日々かかる信託報酬が低いので、銀行や証券会社で同じ投資信託を扱っていても、iDeCo の口座で投資したほうが有利になります。

Q28 iDeCoの運用商品は複数選べますか?

A iDeCo の運用商品数は運営管理機関によって異なります。**厚生労働省が 35 種類程度と定めている**ので、おおむねその程度のラインナップをそろえています。

　その中で、1 つの商品を選んでもよいですし、複数商品を選んでも構いません。選んだ商品は入れ替えも可能です。**iDeCo の口座内では、いつでも商品の売買が可能**です。売買をすることで確定した利益は非課税ですから、複利の効果を用い、次の投資に振り向けることができます。

　複数の商品を選ぶ時には、割合で指定します。例えば、毎月の掛金 2 万円のうち A 商品を 40%、B 商品を 30%、C 商品を 30%、合計 100%という風にです。割合で指定することにより、掛金額を変更してもスムーズに商品の買いつけを継続することが可能になります。

Q29 年代別に運用で気をつけることはありますか?

A iDeCo は 60 歳まで積立を継続し運用する仕組みですから、若い方は運用期間が長く、年齢が上がるにつれ運用期間が短くなります。一般的には、**運用期間が長い場合は積極的な運用、運用期間が短い場合は安定的な運用**を目指すべきとされています。

　積極的な運用とは、**株式を中心**とした運用、反対に安定的な運用とは**債券を中心**とした運用という意味です。資産運用の基本は、株式や債券と

いった投資先を分散し、適当な割合で組み合わせる資産配分が非常に重要なのですが、その配分を投資期間によって変えることも重要です。

　最近は、このような年齢による投資期間の変化に着目した「**ターゲットイヤーファンド**」も注目されています。これは自身の年齢に合わせたターゲットイヤーファンドを選ぶと、60歳に向けて、徐々にその投資配分を積極型から安定型に変更してくれるという投資信託です。

Q₃₀ iDeCoの他にNISAもできますか?

A　NISA（ニーサ）とは少額投資非課税制度と呼ばれ、iDeCoと並んで注目される税制優遇のある資産形成の仕組みです。iDeCoと同様、運用益は非課税ですが、iDeCoと異なり掛金は所得控除になりません。iDeCoは60歳まで資金の引き出しはできませんが、NISAはいつでも解約が可能です。したがって、用途に合わせ資産運用の「場所」を変えるという意味で**併用は大賛成**です。

　NISAは2種類あり、どちらか一方を選択します。「一般NISA」は、運用益非課税期間が5年間で1年間に投資できる枠が120万円です。「**つみたてNISA**」は、運用益非課税期間が20年で1年間に投資できる枠が40万円です。一般NISAは2023年に制度変更が行なわれ、複雑になりそうですから、これから始める方の場合、つみたてNISAのほうがよいかもしれません。

5 自営業者（第1号被保険者）からの質問

Q31 自営業者は、国民年金基金とiDeCo、
どちらが向いている？

A 国民年金基金は、自営業者など第1号被保険者の方の「自分年金」として利用されている制度です。iDeCoと異なり、こちらは将来の受給額があらかじめ決まっていて、終身年金が作れる点もポイントです。

しかしながら、年金額は加入時に設定された固定金利で運用されるので、金利が高い時に加入すればよいのですが、残念ながら、これからの加入はあまりよい条件ではないと考えます。国民年金基金のウェブサイトで、将来の年金額がシミュレーションできますので、確認しましょう。iDeCoのほうが運用の妙味があるといえますが、やはり年金額が決まっているほうがよいという方には選択肢でしょう。

国民年金基金は、**将来的に法人成をして厚生年金被保険者になると加入が継続できなくなります**。それでも老齢給付は65歳からですので、中途で加入資格を喪失しても解約はできません。もし今後、被保険者区分が変わる可能性があるのであれば、iDeCoのほうが自由度が高いのでお勧めです。

もし、あなたが第1号被保険者であれば、**iDeCoのみが選択肢**です。第1号被保険者は国民年金のみに加入している人という意味です。例えば、何人か人を雇ってご商売をしている方であっても、厚生年金に加入していない場合は、第1号被保険者となりますから、企業型DC及びiDeCo+はできません。厚生年金に加入していれば第2号被保険者となり、iDeCo、

iDeCo+、企業型 DC が選択肢になります。

Q32 国民年金基金とiDeCoは両方加入できますか?

A **国民年金基金と iDeCo は併用可能**です。その場合、掛金の上限は 2 つ合わせて月 6 万 8,000 円となります。掛金はいずれも 1,000 円単位で決めることができますし、金額の変更も可能です。

国民年金基金の場合は 2 口目以降の掛金変更は可能ですが、1 口目をゼロとすることができないことや型（A 型・B 型）の変更は不可などの制約がありますので注意が必要です。

Q33 自営業者の妻 (専業主婦) はiDeCoに加入できますか?

A 会社員の妻と異なり、自営業者の妻は収入がなくとも第 1 号被保険者として保険料を負担します。その場合は、第 1 号被保険者として iDeCo への加入はもちろんできますし、掛金限度額は月 6 万 8,000 円です。

ただし、「所得控除」メリットを活かすことを最重要課題とするのであれば、国民年金基金のほうを選択すべきかもしれません。なぜならば、iDeCo は「小規模企業共済等掛金控除」なので、加入者本人の所得控除となり、**収入がない人にとっては税優遇のメリットを享受することができない**からです。一方、国民年金基金は「社会保険料控除」なので、所得のあるご主人が奥様の掛金分の控除を受けることができます。

Q34 iDeCoは付加年金をしていてもできますか?

A 自営業者のお手軽な自分年金として利用されている付加年金は、**掛金わずか月 400 円**で、65 歳からは **200 円 x 加入月数**で導いた金額を終身で受け取れます。金額はあまり大きくはなりませんが、2 年で元が

取れると人気です。

　iDeCo と付加年金の併用は可能です。掛金は合計 6 万 8,000 円となりますが、iDeCo の掛金は 1,000 円単位でしか設定ができないため、付加年金 400 円をした場合、iDeCo の掛金上限は 6 万 7,000 円となります。ちなみに国民年金基金には、あらかじめ付加年金部分が含まれているので、「併用」という概念はありません。

Q35 自営業者はiDeCoの税金還付の手続きをどうしますか？

A iDeCo に加入していると、国民年金基金連合会より **「小規模企業共済等掛金控除」** の証明書が秋口に届きます。これを確定申告に添付をして還付を受けます。

Q36 小規模企業共済との併用はできますか？

A 自営業者あるいは法人でも小さい事業所の事業主であれば、自身の退職金として小規模企業共済を利用している場合も多いでしょう。こちらも掛金は全額所得控除になり、1,000 円から 7 万円まで、500 円刻みで掛金も自由設定できます。

　小規模企業共済は iDeCo とは別枠で併用可能ですから、あわせて**年間 165 万 6,000 円の所得控除枠を利用し節税が可能**です。受取は、廃業時の共済金が最も大きく、退職所得控除が利用できますので、iDeCo と併用して上手に活用したいものです。

COLUMN⑦

2017年はiDeCoの記念すべき1年だった

　日本に確定拠出年金が登場したのは2001年でした。当時確定拠出年金の個人型は、自営業者と会社員で会社に企業年金がなく厚生年金だけに加入している人だけが利用できるというものでした。対象者も少なく、認知度も低かったので知る人ぞ知る密かな制度でした。

　厚生労働省がてこ入れに立ち上がったのは、2017年。ニックネームを公募し、キャラクターを作り、テレビCMを放映し……と信じられないほどの取り組みをしました。ちなみに、その時につけられた「iDeCo」というニックネームは、「老後のために、いま、できる、こと」という言葉や、確定拠出年金は英語で「Defined Contribution」というところから、そこに「Individual type」をつけてiDeCoとしたという由来のようです。

　いずれにしても、個人型確定拠出年金という堅苦しい漢字だけの名前より、ずいぶんとイメージアップが図られました。

　変わったのは、イメージだけではありません。それまでは加入資格がなかった会社に企業年金がある会社員、専業主婦（第3号被保険者）、公務員もその対象に加わり、20歳以上60歳未満の公的年金被保険者は例外なく加入できることになりました。

　加入対象者が広がるとともに、制度は少し複雑になりました。それは掛金の上限額が対象ごとに設定されたからです。

　まず、公務員と会社員で企業年金がある人は月1万2,000円です。第3号被保険者は月2万3,000円です。

　若干複雑になったとはいえ、すべての国民がiDeCoに加入できるようになったのはとても大きな改善点です。

　例えば、iDeCo は 60 歳まで引き出しができません。すると、会社勤めをしていた際に、その会社で企業型確定拠出年金をしていた人は、自分で継続手続きをして、とにかく 60 歳まで続けなければいけません。

　残念ながら、この手続きはかなり複雑で、会社で加入していた企業型確定拠出年金を自分自身で次の会社に持ち運ぶか、個人型の手続きをしなければ、国民年金基金連合会という国の金庫に入ってしまうことを知らずにいる人もたくさんいました。時に国の金庫にお金が移ってしまった人のことを「自動移換難民」と比喩されたりしますが、そのままお金が放置されているケースはいまだに多いそうです。

　自動移換難民となる理由のもうひとつは、加入資格が限定されていたという点もあります。

　例えば、会社を辞めたあと専業主婦となると個人型確定拠出年金の加入資格がなかったので、運用指図者になるしか方法はありませんでした。また、転職先に企業年金があると、同様に iDeCo への加入資格がないので、運用指図者にしかなれませんでした。

　運用指図者とは、掛金を拠出せず運用のみを行なう人を指します。

　例えば転職により、加入資格を失った人は、運用指図者として個人型確定拠出年金の口座を開設する必要がありました。しかし、iDeCo の一番の魅力は掛金が全額所得控除であると思う人も多い中、新規積立の税制メリットがないと思うと、わざわざ時間を割いて iDeCo の口座開設をするのは面倒だという人が多かったのです。

　それが2017 年の改正により、ほぼすべての国民がiDeCoの加入者になれるようになったのは大きな前進といえるでしょう。

　実際はまだまだ自動移換難民は存在しますが、老後資金作りの必要性が高まり、さらに iDeCo の存在意義に対する理解が深まれば、自動移換は損なことだとの認識も広がるのではないかと考えます。

2017年の改正は、iDeCoの口座開設をする金融機関にも大改革をもたらしました。

　iDeCoは国の制度ですが、始めるには金融機関で口座開設をする必要があります。2017年以前は、個人型確定拠出年金に熱心に取り組む金融機関が少なく、あまり競争がない状態でした。

　しかし、2017年以降は多くの金融機関、特にネット証券が参入したことで、加入者にとってより有利な環境が整ってきました。

　例えば、口座を維持するために手数料がかかりますが、これが大幅に引き下げられました。現在では無料という金融機関も多くなりました。

　また、確定拠出年金に提供される投資信託も広くネットでオープンにされることにより、質のよい投資信託をラインナップする金融機関が増えました。さらに、信託報酬もずいぶんと引き下げられました。

　もともと確定拠出年金は金融機関にとってはあまり儲けにならないと言われてきましたが、それでも新規参入者が増えたことで、加入者にとっては非常によい環境が急ピッチで整ったのです。

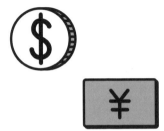

こんなとき、どうする?
ケース別・確定拠出年金の実務ノウハウQ&A

iDeCo+編

2018年にiDeCo+ (中小事業主掛金納付制度) が始まり、
中小企業の退職金制度の選択肢が拡大しました。
2020年10月には対象となる会社が100人以下から300人以下となり、
さらに使い勝手がよくなりましたが、新しい制度で知名度もイマイチ。
本章では、iDeCo+導入前後のよくあるQ&Aを紹介します。

1 制度導入時の全般的な質問

Q₁ iDeCo+の導入メリットは何ですか?

A 他制度と比較しても、大きな費用を負担することなく、従業員の老後の資産形成を応援する**福利厚生制度を拡充することができる**点です。退職金とは異なりますが、従業員が将来資金を受け取る際には「**退職所得控除**」が適用されますから、退職金同等のメリットを持った制度と理解してよいでしょう。

会社が負担する掛金は、1,000 円以上 2 万 2,000 円までの範囲で決めますが、これは全額損金計上が可能です。また、社会保険料の対象となりませんので、会社としての法定福利費の圧縮となります。掛金は規程で決めるので、将来的な費用を見込めて予算管理もしやすいという特徴があります。

従業員それぞれが加入する iDeCo にかかる諸手数料はすべて従業員本人が負担しますので、会社としては掛金以外の費用が発生しないという点もメリットです。当然、求人票への記載も可能ですから、人材募集の際にもプラスとなるでしょう。

退職一時金と異なり、従業員が退職する際に会社として特に何かをする必要もありません。iDeCo はあくまでも加入者の個人資産ですから、会社としての手続きは、その従業員が退職した旨を国民年金基金連合会に通知する程度です。

Q₂ iDeCo+を導入できる企業の条件を教えてください。

A 厚生年金に加入している事業所であること、**従業員数 300 人以下で企業年金を実施していない**会社であることです。企業年金とは、企業型確定拠出年金（DC）、確定給付企業年金（DB）、厚生年金基金を指します。同じ事業主が複数の事業所を経営している場合、全事業所の従業員の合計が 300 人以下であることが条件です。

　従業員数が 300 人を 1 人でも超えたらすぐに iDeCo+ が利用できなくなるとうわけではありませんが、今後 300 人を超えることが見込まれる場合は、iDeCo+ の導入には向きません。企業型確定拠出年金のほうが、むしろよい選択肢です。

　導入に際しては、労使合意が必要となります。従業員の過半数で組織する労働組合がある時は、その労働組合に、労働組合がない時は従業員の過半数を代表するものに同意を得たうえで導入します。

Q₃ iDeCo+は退職金制度として求人票に掲載できますか?

A 福利厚生制度の一環として、「**中小事業主掛金納付制度（iDeCo+）あり**」と表記してください。

　確定拠出年金は、大企業では当たり前に導入されている制度です。仮に前職で企業型確定拠出年金に加入していた従業員を中途採用するような場合でも、中小事業主掛金納付制度（iDeCo+）は企業型確定拠出年金と同等のメリット（会社が老後資金作りの掛金を援助してくれる）がありますから、非常に魅力的な制度として理解されるでしょう。

Q4 労使協議の際の注意点はありますか?

A iDeCo+ 導入の際には、労使合意のうえ、社内で制度について周知徹底を図り、iDeCo 加入を希望する社員を募る必要があります。

労使で協議する主な項目は次の２つです。**事業主の拠出対象者を誰にするのか**と**事業主掛金の金額**です。長く続く制度ですから、持続可能なよい仕組みを労使で話し合っていただきたいと思います。

労使合意については、それを証明する書類が３点必要です。

①中小事業主掛金を拠出すること及び中小事業主掛金の額の決定に関する同意書

②中小事業主掛金の拠出の対象となる一定の資格を定めることに関する同意書

③労働組合の現況についての証明

これらを含む必要書類はすべて、国民年金基金連合会が運営する iDeCo 公式ウェブサイトからダウンロードできます。記入例も用意されているので、参考にしてください。

Q5 従業員からiDeCo+導入を希望されたが、拒否はできますか?

A 人材の流動性が高まると、前職で企業型確定拠出年金に加入していた、前職でも iDeCo+ があったというような方が増えてくることも予想されます。もし、従業員から iDeCo+ の導入をしてほしいとの意見が出た場合、中小事業主掛金納付制度は国の制度である以上、**少なくとも労使協議の機会は持つべき**でしょう。

そのうえで、制度を導入しないという「合理的な理由」がどこにあるかということになります。あくまでも会社としての決定ですが、人生 100 年時代をいかに経済的に豊かに暮らすのかに関心が高まる中、社員から意見

が出るより先に会社の福利厚生拡充の一環として iDeCo+ の導入を主導されたほうが賢明かと考えます。

Q6　iDeCo+の制度導入後、やめることもできますか?

A　制度導入後、都合でやめることは可能です。制度開始時と同様に、従業員の過半数で組織する労働組合がある時はその労働組合、従業員の過半数で組織する労働組合がない時は従業員の過半数を代表する者に同意を得る（労使合意をする）ことが必要になります。

Q7　iDeCoは運用次第では損をするそうですが、会社が損失補塡をする必要はありますか?

A　iDeCo はあくまでも個人資産ですから、それについて会社が損失補塡をする必要はありません。また、運営管理機関等も損失補塡をすることはありません。**運用に関しては加入者の自己責任**です。

　iDeCo は運用次第で掛金額を上回ったり、下回ったりする可能性があります。だからといって、元本確保型と呼ばれる定期預金や保険商品にだけ頼ってしまうと、資産を運用で増やす機会を失ってしまいます。

　とはいえ、会社の人事の人などが、どの商品がよいと勧めたり、投資を強制するようなものでもありません。うかつなアドバイスは後々トラブルになる可能性もありますので、第三者に資産運用の知識などのレクチャーを依頼することも選択肢です。

Q8 iDeCo加入者の運営管理機関が違いますが、統一しなければなりませんか?

A これは特に問題ありません。なぜならば、**会社として個別の運営管理機関と手続き等関連があるかというと、特別ない**からです。

給与天引きした個人の掛金をそれぞれの運営管理機関に振り替えるのは国民年金基金連合会です。会社ではありません。したがって、従業員が加入する運営管理機関が複数あろうと、会社としては特に気にする必要はありません。

さらに言うと、金融機関によっては「独占的な」対応を求めてくるところもあるかもしれませんが、あくまでも運営管理機関を決めるのは従業員ですから、運営管理機関を一社に絞る必要はありませんし、そもそも会社が金融機関を決めることはありません。

Q9 導入費用はいくらかかりますか?

A iDeCo+ 導入に際し、会社が負担しなければならない費用は特にありません。なぜならば、**あくまでもiDeCo+は、従業員のiDeCoに会社が掛金を上乗せする仕組み**であり、iDeCoにかかる費用はそれぞれの加入者が負担するからです。

Q10 制度導入にあたり従業員教育はどうしたらいいですか?

A 企業型確定拠出年金と異なり、iDeCo+ 導入企業については、いわゆる従業員向けの投資教育は努力義務とはされていません。しかし、iDeCoの制度の理解、資産運用の知識などは、会社が機会を設けないとなかなか従業員みずからが学ぶことは難しいでしょう。

もし、iDeCo+ 導入を機に、従業員のライフプラン研修や資産形成の必

要性などの学びの機会を与えたいということであれば、国民年金基金連合会が運営する「iDeCo 公式サイト」を利用するのも一考です。マンガでiDeCo の概要を説明する動画が設置されていたり、工夫がされています。

Q11 従業員数が300人を超えたら、どうなりますか？

A iDeCo+ は従業員 300 人以下の会社を対象とした制度です。したがって、300 人を超えると、この制度は使えなくなります。この300 人は常時雇用する社員の数の目安ですから、仮に 300 人を 1 人でも超えたら、すぐに制度の対象から外れるという意味ではありません。ある程度の判断期間があります。しかし、今後事業規模が拡大する見込みとなったら、そろそろ iDeCo+ 後の対応を考えるべきかと思います。

　一般的には、iDeCo+ で事業主掛金があったのであれば、ただ単にそれをなくすというのは不利益変更になるので、**企業型確定拠出年金への移行を検討するのがスムーズ**でしょう。その場合は、導入に際し数十万円の費用がかかりますし、月々の運営費用も数万円かかります。また、投資教育も努力義務とされています。

　しかし、掛金は上限5万5,000円と iDeCo+ の倍以上になりますから、相対的には従業員にとってのメリットは大きくなると考えます。

2 他制度との関連に関する質問

Q12 中退共との違いを教えてください。

A 中退共も中小企業の退職金制度としては広く活用されている制度ですが、中退共の共済金が支払われるのは、あくまでも社員が退職する時です。最近では、辞めた社員に対して退職金を支払うより、今、頑張っている社員がメリットを感じられる制度のほうが好ましいとおっしゃる経営者も増えています。

その点、iDeCo+ は、**事業主掛金を従業員がいつでも自身の iDeCo のマイページで確認をすることができます。** iDeCo のマイページでは、事業主掛金という項目があり、加入者が自身の残高を確認するたびにその累計を目にできるように設計されています。これは、中退共のように将来受け取れる金額がブラックボックスになっているよりずいぶんわかりやすく、メリットだといえます。

今、頑張っている社員の未来を応援する制度という意味合いでは、iDeCo+ のほうが理解されやすいのではないでしょうか。

Q13 現在、中退共に加入していますが、併用できますか?

A iDeCo+ は企業年金を導入している会社は適用になりませんが、中退共は企業年金ではありませんので、併用には何の問題もありません。

Q₁₄ すでに退職一時金制度がありますが、導入できますか?

A 退職一時金制度も企業年金という位置付けではありませんので、iDeCo+ を併用して導入することは可能です。

　もし、現在の退職一時金に課題があり（損金計上できない引当金の問題や退職金の支払い準備を確実にするため、毎月掛金を拠出したいなど）、制度を見直したいという場合は iDeCo+ は受け皿にはなりません。なぜならば、iDeCo+ での掛金拠出は iDeCo 加入者のみだからです。そのような場合は、全社員対象で掛金を拠出する企業型確定拠出年金への制度移行を検討されることをお勧めします。

3 制度設計に関する質問

Q15 掛金拠出の対象範囲はどこまでですか?

A 厚生年金に加入している社員が対象です。

また、**職種や勤続期間といった一定の資格を設けることも認めら**れています。労使協議のうえ、合理的な拠出対象者範囲を決めてください。

ケースとしてはないかもしれませんが、iDeCo に加入している従業員で事業主掛金を希望しない者に対しての掛金拠出は不要です。

Q16 会社の掛金は最低いくらですか?

A 月1,000円以上で、**1,000円刻みで設定が可能**です。iDeCo の最低掛金は5,000円ですから、例えば事業主掛金が1,000円の場合、従業員は最低掛金4,000円で iDeCo に加入することができます。事業主掛金が従業員の個人掛金を上回ることに問題はありませんが、**合計2万3,000円以内**である必要があります。この額をチェックするために、iDeCo+ は会社が掛金を徴収し納付するという役目を負います。

仮に事業主掛金が5,000円で、iDeCo の加入最低掛金を満たす場合であっても、従業員本人の掛金を0円とすることはできません。あくまでも従業員本人がiDeCoへの掛金を拠出していることを前提として、それに事業主が掛金を上乗せする制度です。

Q17　事業主掛金の変更はできますか?

A　変更はできます。その際、制度開始時と同様、労使合意が必要となります。また変更した場合、国民年金基金連合会への届け出も必要です。

Q18　従業員が掛金の年単位拠出を希望していますが、事務処理が心配です。

A　掛金の年単位拠出も可能です。また、事業主掛金を**特定の月だけとすることも認められています**。iDeCo の掛金は年間で上限を超えていないかが管理されているからです。したがって、ボーナス時期のみ金額を多めに拠出するという方法も可能です。いずれにしても、事前に掛金拠出のスケジュールについて、国民年金基金連合会へ届け出を行ないます。

しかしながら、掛金拠出は**できれば毎月同額で行なったほうが事務処理のミスを防ぐためにもよいかもしれません**。労使協議のうえ、それぞれが負担感なく実行できる方法を検討するのもよいでしょう。

また、入退社の時期における掛金拠出も、あらかじめ定める必要があります。入社日の締め、退社日の締めで何月分の拠出を行なうなど、細かいところですがルール決めは必要です。

Q19　掛金の給与天引きは面倒なので、口座振替にできますか?

A　iDeCo+ は iDeCo と異なり、**掛金を加入者の口座振替とすることができません**。加入者の掛金は必ず給与天引きし、そこに事業主掛金を上乗せする形を取ります。

実際には、給与天引きした掛金は預り金として会社の口座にプールしま

す。また、その会社の口座に全対象者分の事業主掛金もプールしておきます。毎月指定日に、その会社の口座から全対象者の個人掛金と事業主掛金合計額が引き落とされます。

　引き落としは国民年金基金連合会が行ない、引き落とし後、各加入者の運営管理機関に資金が振り替えられますから、会社としてやることは個人掛金を毎月正しく給与天引きするだけです。

　さらに、給与天引きを間違いなく行なうために、個人掛金については、申請書を提出させるなど社内ルールを徹底させるのもよい方法です。特に個人掛金の金額変更など、申請がなければ間違った金額を天引きしてしまいますので、双方のためにも社内ルールの徹底は実行してください。

会社の手続きに関する質問

Q₂₀ 制度導入前からiDeCoをしている社員の手続きは?

A iDeCo+ 導入前から、iDeCo をしている社員がいて、その社員の掛金を給与天引きとしていた会社は、特別何もする必要はありません。制度導入時に iDeCo+ の中小事業主掛金対象者登録届に記載して、申請するだけです。

制度導入に伴い、掛金の変更が生じる場合は、加入者は運営管理機関に対し「**加入者掛金変更届**」を提出します。例えば、すでに掛金が上限いっぱいの 2 万 3,000 円拠出しているような場合は、事業主掛金分個人掛金を減額することになりますので、運営管理機関に掛金変更の届け出をします。

例えば、事業主掛金が 3,000 円、これまでの個人拠出が 2 万 3,000 円の場合、個人の掛金を 2 万円に減額する届け出をします。なぜならば、iDeCo の口座に拠出される掛金は、事業主掛金と個人掛金を合わせて 2 万 3,000 円がマックスだからです。

一方、これまで加入者掛金を口座振替、すなわち「個人払込」にしている場合は、まず従業員本人が運営管理機関に対し「**加入者掛金納付方法変更届**」を提出し、「事業主払込」、つまり給与天引きになる旨の届け出が必要です。

会社としてすべき手続きと、加入者本人がすべき手続きがありますので、整理して遅滞なく行なうようにしてください。

Q21 税金還付の手続きはどうなりますか?

A 従業員の個人掛金は給与天引きとし、次の通り源泉処理を行ないます。

加入者拠出分は、毎月の給与から課税されないお金として処理をする必要があります。したがって、源泉所得税の計算する際、「**月額給与−社会保険料−加入者掛金＝源泉徴収を計算する金額**」とし、その金額を用いて源泉徴収税額表に基づいて源泉徴収してください。なお、月の給与で源泉処理を行なうため、控除証明書添付による年末調整は不要です。

事業主掛金は福利厚生費として損金（経費）処理をします。従業員の給与ではないため、社会保険料の対象となる標準報酬月額に不算入です。

Q22 従業員の掛金変更の手続きはどうしたらいいですか?

A iDeCo の加入者は、12 月から翌 11 月までの期間で年に 1 回のみ掛金額の変更が認められています。その際の手続きは、加入者が運営管理機関に「加入者掛金額変更届」を提出することで終了します。

しかし、**iDeCo+ の場合、会社への届け出も必要です**。また、会社としても、国民年金基金連合会へ「**中小事業主掛金額変更届**」を提出しなければなりません。この処理がきちんとできていないと、変更される前の金額で掛金を給与天引きしてしまうので、その月の運用商品の買いつけはできず、後に追徴や返金処理が必要となる場合もあります。

これを回避するために、年間の掛金変更可能時期を会社として定め、まとめて処理を行なう会社もあります。徴収額も書面での申請を徹底している会社もあります。このあたりはそれぞれでお考えになっていただければと思います。

Q 23 年間の事務手続きはどの程度の負荷ですか?

A iDeCo+ を導入する際は、複数の書類を国民年金基金連合会に提出をするため、事務手続きの負荷がありますが、それは導入時だけで、翌年以降は**年に1回の現況届のみ**がルーチンとなります。

これは iDeCo+ だけの事務処理ではなく、iDeCo の加入者がいれば iDeCo+ を導入していない企業も対応しなければならない届け出です。実際には、対象社員が所属しているのかどうかの確認ですから、それほど大変な書類ではありません。

その他、掛金額の変更や対象者の増減が発生した場合は手続きを行ないます。

Q 24 従業員の入退社時の手続きはどうなりますか?

A 従業員が入社したら、iDeCo 加入の有無を聞いてください。さらに iDeCo+ の説明をします。iDeCo に加入していない方は、入社を機に iDeCo に加入したいと思うかもしれません。

特に注意したいのは、**前職で企業型確定拠出年金に加入していた人**です。前職の退職から6カ月間、手続きをせずに放置していると、国民年金基金連合会に資金が自動移換されてしまいます。その場合、速やかに iDeCo 口座を開設し、資金を移動する必要があります。この手続きは、従業員本人が行ないます。

退職の際は、従業員本人が運営管理機関にその旨の連絡をします。

会社としては、入退社に伴う従業員の増減、または氏名の変更、中小事業主掛金の額等を変更する場合は、その都度、遅滞なく国民年金基金連合会への届けが必要となります。

Q25 制度導入時の関係書類の締め切りはありますか?

A **拠出開始月の前月 20 日までに、国民年金基金連合会に届け出書類を郵送で提出**します。この際、地方厚生（支）局への各種届け出は国民年金基金連合会経由で行なわれるため、すべての書類は 2 部準備する必要があります。

　提出期限に間に合わない場合、書類に不備がある場合は制度開始が遅れるので、余裕を持った取り組みが望ましいでしょう。また、初回掛金の引き落とし日は**制度開始の翌月 26 日**で、金融機関が休みの場合は翌営業日です。初回引き落とし開始日前に「中小事業主掛金制度決定通知書兼引落予定のお知らせ」が届きます。

5 加入者（従業員）からの質問

Q26 新規でiDeCoに加入する場合、手続きにどの程度時間がかかりますか?

A 会社が掛金を一部支給してくれるのであれば、iDeCo を始めたいという従業員は少なくないはずです。その場合、制度導入を機にiDeCo に加入したい人が増えるでしょう。

iDeCo 加入については、従業員本人の手続きとなります。まずは運営管理機関を決め、口座開設のための必要書類を取り寄せ、書類を作成して提出します。この手続きが完了するまで**2カ月程度**はかかりますから、十分な時間を確保したうえで社内の説明会などを設定してください。

Q27 経営者や役員もiDeCo+の対象として掛金を拠出できますか?

A 厚生年金被保険者で60歳未満の場合は、経営者や役員であってもiDeCo+ が可能です（2022年からは65歳まで加入可能になります）。経営者の場合、小規模企業共済を利用されている方も多いかと思いますが、**iDeCo+ は小規模企業共済との併用が可能です**。小規模企業共済は月7万円までの掛金が全額所得控除となり、税制優遇を用いて有利に将来に備えることができます。

Q28 60歳定年制ですが、再雇用になっても継続できますか?

A 2022年以降はiDeCoの加入資格が65歳まで拡大しますので、60歳以降も雇用形態が変わらず働き続ける場合は、**引き続きiDeCo+の対象とするのが合理的**でしょう。

　もし雇用形態が変わるのであれば、扱いをどうするか制度導入時に方針を決めておくとスムーズです。仮に60歳以降対象から外れる場合、本人が希望すれば、iDeCoはそのまま65歳まで加入を継続できます。一方、加入を継続（掛金を拠出する）していると、給付が受けられない（資金の引き出しができない）ので、人によっては必ずしも加入の継続を希望しないかもしれません。その場合は、本人が事業主掛金の拠出を希望しなければ、iDeCo+から外れることもできます。

Q29 現在、iDeCoの掛金上限まで拠出していますが、どうしたらいいですか?

A iDeCo+の掛金は、事業主拠出と従業員拠出を合計して2万3,000円が上限です。仮に会社が2万円拠出をすれば、従業員本人が拠出できる額は3,000円となります。

　今までiDeCoをしていた社員の場合、もしかしたら年末の還付金が楽しみだったという方がいるかもしれませんが、iDeCo+導入後事業主掛金分は個人掛金を減らさなければならず、結果的に所得控除の恩恵が少なくなります。

　しかし、どなたにとっても会社から掛金を出してくれるのであれば、**所得控除の税制メリットよりも実利が取れる**わけですから、個人掛金をその分減額するよう伝えればよいかと思います。

Q30 自動移換された資金があります。
iDeCoに移すことはできますか？

A 前職で加入していた企業型確定拠出年金の資産はそのままにしていると、国民年金基金連合会に自動移換されてしまいます。その場合でも、**資金は自分の iDeCo の口座に移動させることができます。**

その場合、まず従業員が iDeCo の口座を開設し、その際自動移換された資産がある旨を運営管理機関に申出をします。必要書類を運営機関に提出すれば、資金を取り戻し、自分の iDeCo 口座に合算することができます。

2022年に行なわれる年金制度改正の主な内容

　2022年は、年金制度が大きく変わる年になります。いくつかの改正が行なわれる中で、特に私たちの暮らしに関係のあるポイントをご紹介します。

①**適用拡大の拡充**：より多くの短時間労働者が厚生年金に加入できるようになります。老後、多くの老齢厚生年金が加算されることにより、経済的に豊かになることが期待されます。

②**在職定時改定の導入**：65歳以上で厚生年金に加入して働く方が増える一方で、受給できる年金額の改定は退職時でしたが、今後は年に1回受給額の見直しが行なわれるようになります。これにより、働くことによって増える老齢厚生年金がタイムリーに反映されます。

③**在職老齢年金の見直し**：厚生年金に加入しながら働き続けると、その年収によっては老齢厚生年金がカットされる基準額が設けられていますが、この金額が65歳未満においても65歳以上と同様47万円に引き上げられます。これにより多くの方が、高齢期に就労しながら年金を受給できるようになります。

④**受給開始時期の選択肢の拡大**：年金受給開始年齢が現行の70歳から75歳に引き上げられます。より繰下げの幅が広がることにより、自身のライフプランに合わせ、割り増しされた年金を受給できるようになります。

⑤**企業型確定拠出年金の加入可能年齢の引き上げ**：現行65歳までだった企業型確定拠出年金の加入可能年齢が70歳に引き上げられます。規約の変更は伴いますが、これによって、さらに長期にわたり税制優遇を受けた掛金の拠出が可能になります。

⑥**個人型確定拠出年金の加入年齢の引き上げ**：現行60歳までだった個人

型確定拠出年金の加入可能年齢が 65 歳に引き上げられます。ただし、公的年金被保険者であることが条件なので、基本的には厚生年金被保険者が対象となります。

⑦**確定拠出年金の受給開始時期の拡大**：現行確定拠出年金の受給開始は 60 歳から 70 歳までの間となっていますが、これが 75 歳まで拡大されます。これにより、非課税で運用できる期間が延び、税制優遇を受けた資金の受け取り方の選択肢が増えます。

⑧**企業型確定拠出年金加入者の iDeCo 併用要件拡大**：企業型確定拠出年金の社内規約変更なしに iDeCo 併用（上限月 2 万円）が認められるようになります。これにより、事業主掛金に上乗せし個人掛金を拠出することが容易になります。また、マッチング拠出がある会社の加入者も希望により iDeCo 併用もできるようになります（マッチングか iDeCo 併用か、どちらかを選択）。

⑨**確定給付企業年金併用時の企業型確定拠出年金掛金上限の変更**：これまで確定給付企業年金（DB）と企業型確定拠出年金（DC）を併用する企業は、掛金上限が 2 万 7,500 円でしたが、実際の DB の掛金と合計して 5 万 5,000 円まで拠出ができるようになります。また、現状 DB のある会社の社員は iDeCo が 1 万 2,000 円まで可能ですが、この金額の見直しも検討されています。

⑩**確定拠出年金脱退一時金要件の緩和**：外国籍の加入者の場合、帰国の際は 5 年を条件に、脱退一時金の支払いが可能となります。

　今回の改正でより明確になったのが、公的年金と確定拠出年金がセットで見直しが進められてということです。それだけ国も確定拠出年金を重要視しているということと考えられるでしょう。

FP相談ねっと
https://fpsdn.net/

「FP相談ねっと」では、企業型DC・iDeCo+に関する情報を提供しています。導入マニュアルから社内研修に役立つ知識、個別状況に合わせた相談事例集まで、みなさんの疑問を解消するコンテンツが満載です。

また、約50名のファイナンシャル・プランナー (FP) が登録しており、会社の制度づくりや、金融機関選び、資産運用などについて、直接相談することもできます。導入時の説明会や従業員教育なども承っていますので、ご活用ください。

● **難しい法律やめんどくさい手続きがよくわかる！**
iDeCo+ 楽々導入マニュアル
https://fpsdn.net/10815-2/

● **手軽に老齢年金を試算できるアプリ**
LINE ねんきん定期便試算
https://fpsdn.net/cpline01/

著者略歴

山中　伸枝（やまなか　のぶえ）

株式会社アセット・アドバンテージ代表取締役、心とお財布を幸せにする専門家、ファイナンシャルプランナー（CFP®）、FP相談ねっと代表、一般社団法人公的保険アドバイザー協会理事
1993年米国オハイオ州立大学ビジネス学部卒業後、メーカーに勤務。これからはひとりひとりが、自らの知識と信念で自分の人生を切り開いていく時代と痛感し、ファイナンシャルプランナー（FP）として2002年に独立。現在、年金と資産運用、特に確定拠出年金やNISAの講演、ライフプランの相談で全国を飛び回りながら、ウェブやマネー誌などで情報発信するなど、お金のアドバイザーとして精力的に活動している。金融庁サイト 有識者コラムや「東洋経済オンライン」での連載、日経プラス10、日経CNBC、全日空機内番組へのメディア出演など。
著書に『50歳を過ぎたらやってはいけないお金の話』（東洋経済新報社）、『書けばわかる！節約・預金だけではもったいない わたしにピッタリなお金の増やし方』『ど素人が始めるiDeCo（個人型確定拠出年金）の本』（翔泳社）、共著に『いっきにわかる！つみたてNISA&iDeCo 令和スタート版』（洋泉社MOOK）など多数。

山中伸枝オフィシャルサイト　https://www.nobueyamanaka.com/

会社も従業員もトクをする！
中小企業のための「企業型DC・iDeCo+」のはじめ方

2021年7月 8 日　初版発行
2023年5月25日　2 刷発行

著　者 —— 山中伸枝

発行者 —— 中島豊彦

発行所 —— 同文舘出版株式会社

　　　　　東京都千代田区神田神保町1-41　〒101-0051
　　　　　電話　営業03（3294）1801　編集03（3294）1802
　　　　　振替 00100-8-42935
　　　　　http://www.dobunkan.co.jp/

©N.Yamanaka　　　　　　　ISBN978-4-495-54090-6
印刷／製本：三美印刷　　　Printed in Japan 2021

東大卒税理士が教える
会社を育てる節税の新常識

斎尾 裕史著／定価1,760円（税込）

女性消費者にしか感じ取れていない"未踏の地＝新市場"を開拓するヒント。モノからイギ消費へ、"感じる"マーケティングの時代の消費キーワードを、さまざまなデータと事例を通して解説
その節税法、「目先の税金」を安くするだけではありませんか？ 社長と社員の手取りを増やして会社を成長させる！ 税金、社会保険料、将来もらう年金まで計算した手取りが最大になる方法

最新版
ビジネス契約書の
見方・つくり方・結び方

横張 清威著／定価3,190円（税込）

実際の商取引でニーズの高い契約書を、実際の商取引に耐え得る、必要十分な条項と共に解説。各条項の意味と役割、雛形の変更例を多数提示し、各条項の重要度も記載。契約書作成の決定版！

部下を育てる PDCA
面談

吉田 繁夫・吉岡 太郎著／定価1,980円（税込）

1万件超のビジネスパーソンの圧倒的言動データをベースにした理論と実践を、人材育成のプロフェッショナルが体系的に解説。部下が成長し、業務の生産性が上がる効率的・効果的な面談の技術

同文舘出版